낙록자삼명소식부주

珞琭子三命消息賦註

문종란 편역

낙록자삼명소식부주

珞珠子三命消息賦註

이담
Books

역자 서문

『珞琭子三命消息賦註』는 『欽定四庫全書』術數類 五 命書 相書의 부류에 수록되어 있다. 年月日時의 四柱 八字를 日爲主 간법으로 吉凶과 禍福을 추연한 宋 徐子平의 저서이다. 上卷 32장과 下卷 45장으로 총 77장으로 구성되었다. 宋의 석담영이 지은 『珞琭子賦註』와 같이 「珞琭子賦」의 원문에 서자평이 註를 달아 命에 대한 이론을 설명하였다.

서자평에 대한 여러 가지 설들은 그 근거와 사실 행적은 고찰할 수 없으나, 오히려 命學 世世의 宗主로서 오늘 날 팔자의 추명은 '자평'이 되었다는 것은 부인할 수 없다. 아마 그 이름은 劉玉의 『已瘧編』에서 말한 "江湖에서 命을 말할 때 子平과 五星이 있다."는 데에서 연유되었다고 한다. 자평의 이름은 '居易'고, 陳圖南과 呂洞賓등의 道人들과 함께 華山에 은거한 異人으로 알고 있다. 『낙록자삼명소식부주』와 함께 『玉照神應眞經』은 서자평이 註解한 저서로 알려져 있다.

『낙록자삼명소식부주』에서는 실재 胡茂老및 公安撫를 포함하여 열 명의 사주에 대해 간명하였다. 本命과 生月과 生日과 生時가

四柱가 되고, 每 宮마다 天元과 人元과 支元인 三元이 있으며, 受胎月은 祖宗의 宮이고 生月은 父母 궁이며 生日은 사람 自得의 궁이 되며 生時는 子孫의 궁으로 본다. 또 命을 볼 때 오행 內外의 相合과 忌神의 유무를 자세히 살피고, 또 用者 내외에 있는 天元의 淺深과 向背를 살펴서 간명하였다. 火・土同宮과 水・土동궁에 대한 서자평의 看法도 자세하게 보인다.

지금 현재 명리 이론의 根幹이 자평이론이라 할 때, 확인되지 않은 저자 불분명의 저서가 아닌 서자평의『낙록자삼명소식부주』를 연구 분석하여 후학들의 공부에 미력이나마 보탬이 되고자 본서를 번역하였다. 처음 박사논문을 쓸 때는 古代 隱士로 알려진 珞琭子가 쓴「낙록자부」에 송의 석담영이 쓴『珞琭子賦註』를 연구하였으나, 앞으로 서자평과 萬育吾, 東方明 그리고 李同등 여러 주해자들의「낙록자부」註釋書를 차례로 번역할 계획이다. 명리학의 보다 학문적인 발전을 위해 폭넓고 깊은 명명리 고전서, 특히 唐・宋시대 命理 書籍의 번역이 많이 이루어져야 한다고 생각한다.

本『낙록자삼명소식부주』번역서는 원전 강독으로 인연을 맺게 된 한국고전번역원 朴殷嬉 선생님의 도움을 받아 출판하게 되었다.

『낙록자삼명소식부주』는 번역의 정확도와 더욱 완벽한 번역을 위하여 ≪ , . ・ : ; "" '' ? ! ≫등의 표점을 사용하였다. 그리고 문단을 나누고 문맥을 정리하여서 그 내용을 쉽게 이해할 수 있도록 하였고, 원문을 문법에 맞추어 본문에 충실한 直譯이 되도록 하였다. 또한 갖고 있는 底本의 보존 상태로 인하여 불분명한 부분과 板本에 따른 다른 부분은 脚註에 따로 표기하는 방법을 사용하였다.

本書가 앞으로 후학들의 훌륭한 정진에 조금이나마 보탬이 되기를 바란다.

丁酉年 淸明節에 譯者 文 鍾蘭

일러두기

이 책은 徐子平의 『珞琭子三命消息賦註』를 校勘 標點하고 번역한 것이다.

底本

이 책의 底本은 『欽定四庫全書』 子部에 실린 『珞琭子三命消息賦註』이다.

異本

· 『珞琭子三命消息賦註』, 신문풍출판사, 1987년간.
  底本의 중요한 異本으로서 逐字 對照하였다.

校勘參考資料

· 徐子平 撰, 『珞琭子三命消息賦註』, 四庫全書, 子部 五.
· 臺北國立故宮博物院所藏本, 景印 『文淵閣四庫全書』, 『珞琭子賦註』.
· 李同 注, 東方明 疏, 『新雕注疏珞琭子三命消息賦』

校勘

- 略字, 俗字 등 異體 字는 代表 字로 통일하고 校勘記는 달지 않았다. 대표자 판정은 韓國古典飜譯院 이체자 검색 시스템을 準據로 하였다.
- 底本의 오류가 의심되는 경우 校勘記에 그 내용을 언급하였다.
- 底本과 異本 간에 글자의 차이가 있지만 어느 쪽이 옳은지 확정 할 수 없는 경우 校勘記에 그 내용을 밝혔다.

標點

이 책에 사용된 標點符號는 다음과 같다.

,	한 文章 안에서 句의 區分이 필요한 곳에 쓴다.
.	敍述文 및 語調가 약한 命令文의 끝에 쓴다.
·	竝列된 名詞 또는 名詞句 사이에 쓴다.
:	제기하는 말 뒤 또는 총괄하는 말 앞에 쓴다.
;	두 句 이상으로 구성된 각 節이 竝列을 이룰 때 그 사이에 쓴다.
"" ''	1차와 2차 대화, 인용, 강조 등을 나타낸다.
?	疑問文의 끝에 쓴다.
!	感歎文 및 語調가 강한 命令文 등의 끝에 쓴다.
『』「」	書名과 篇名을 나타내는데 쓴다.

목 차

珞琭子三命消息賦注[1] 提要

術數類五命書相書之屬

臣等謹案『珞琭子三命消息賦注』二卷, 宋徐子平撰.「珞琭子」書爲言祿命者所自出, 其法專以人生年月日時八字推衍吉凶禍福.

李淑『邯鄲書目』謂其取 "珞珞如玉, 珞珞如石"[2]之意, 而不知撰者爲何人. 朱弁『曲洧舊聞』云: "世傳『珞琭子三命賦』, 不知何人所作. 序而釋之者以爲周世子晉所爲. 然考其賦所引有秦河上公, 又如懸壺·化杖之事, 皆後漢末壺公·費長房之徒, 則非周子晉明矣." 是書前有楚頤序, 又謂珞琭子者, 陶宏景所自稱. 然祿命之說, 至唐李虛中尚僅以年月日時起算, 未有所謂八字者, 宏景之時, 又安有是說乎? 考其書始見於『宋·藝文志』, 而晁公武『讀書志』亦云宣和·建炎之間

---

1) 珞琭子三命消息賦注: 宋의 徐子平이「珞琭子賦」에 注를 하여 撰한 책이다. 祿命書로서 運氣의 向背와 金木剛柔의 得失과 淸赤父子의 相應을 日을 위주로 하여 논하였다.
2) 珞珞如玉, 珞珞如石: 老子『道德經』下篇 2章에 보인다.

是書始行, 則當爲北宋人所作. 舊稱某某, 皆依托也.

自宋以來, 注此賦者王廷光·李同[3]·釋曇瑩及子平四家. 子平事蹟無可考, 獨命學爲世所宗, 今稱推八字爲子平, 盖因其名. 劉玉『己瘧編』曰: "江湖談命者有子平, 有五星. 相傳宋有徐子平者, 精於星學, 後世術士宗之, 故稱子平." 又云: "子平名居易, 五季人. 與麻衣道者·陳圖南·呂洞賓俱隱華山, 盖異人也. 今之推子平者, 宋末徐彦昇, 非子平也"云云. 其說不知何所本. 然術家之言, 百無一眞, 亦無從而究詰也.

其注久無傳本, 惟見於『永樂大典』中者尙爲完帙. 謹採掇裒輯, 釐爲上·下二卷, 以符『宋志』之舊. 其中論運氣之向背·金木剛柔之得失·靑赤父子之相應, 言皆近理. 間有古法不合於今者, 是則在後人之善於別擇耳. 又考『三命通會』亦載有「珞琭子」寥寥數語, 與此本絶不相合, 盖由原書散佚, 談命者又依托爲之. 僞中之僞, 盖不足據, 要當以此本爲正也.

乾隆四十六年三月恭校上[4]

　　　　　　總纂官 臣 紀昀[5) 臣 陸錫熊[6) 臣 孫士毅[7)

---

3) 李同: 釋曇瑩의 『珞琭子賦註』 「提要」에는 "李仝"으로 되어 있다.

4) 乾隆四十六年三月恭校上: 『낙록자부주』 「제요」에 "乾隆四十六年九月恭校上"으로 되어 있는 것으로 보아 『珞琭子三命消息賦註』를 석담영의 『낙록자부주』보다 6개월 먼저 교정한 것을 알 수 있다.

5) 紀昀(1724-1805): 淸나라 獻縣 사람으로 字는 曉嵐이며 號는 石雲과 春帆이 있다. 乾隆 19年에 進士에서 시작해 嘉慶 연간에 벼슬이 協辦大學士가 되었으며 太子太保에까지 이르렀다. 『四庫全書』 總纂을 맡아 완성을 보고, 아울러 『四庫全書總目提要』도 편찬하였다. 그 외의 저서에 『紀文達公集』과 『閱微草堂筆記』가 있다. 張撝之·沈起煒·劉德重 主編, 『中國歷代人名大辭典』 上卷, 上海古籍出版社, 1999, p.764.

總校官 臣 陸 費 墀8)

　臣 등이 삼가 살펴보니 『낙록자삼명소식부주』二卷은 송나라 서자평이 찬한 것입니다. 「낙록자」라는 책은 록명을 말하는 사람에게서 나온 것으로, 그 법은 전적으로 사람이 태어난 年月日時 八字로서 길흉과 화복을 추연하는 것입니다.

　이숙의 『감단서목』에서는 이 (서자평)책이 "옥과 같이 빛나거나 돌처럼 소박하다"는 뜻을 취한 것인데 글을 쓴 이가 누구인지는 알지 못한다고 말했습니다. 朱弁9)의 『曲洧舊聞』10)에서는 말하기를 "세상에 『낙록자삼명부』가 전해지는데 누가 지은 지는 알 수 없다. 서문을 달고 해석한 사람은 이것이 주나라의 세자 진이 지은 것이라고 생각한다. 하지만 그 부에서 인용하고 있는 것에 진나라 河上公11)이 있고, 또 호공의 지팡이와 비장방 무리와 관

---

6) 陸錫熊(1734-1792): 淸나라 上海 사람으로 字는 健男이다. 乾隆 26年에 進士에서 左副都御史의 관직에까지 이르렀다. 紀昀과 아울러 『四庫提要』의 總纂을 책임졌고, 『通鑑輯覽』・『契丹國志』・『勝朝殉節諸臣錄』・『河防紀略』 등을 편찬하였다. 晩年에 經濟之學을 마음에 두고서 古今의 水利・兵刑・食貨 등의 지식을 꿰뚫는 저서인 『寶奎堂文集』과 『篁村詩鈔』를 남겼다. 張撝之・沈起煒・劉德重 主編, 『中國歷代人名大辭典』上卷, 上海古籍出版社, 1999, p.1321.

7) 孫士毅(1720-1796): 淸나라 仁和 사람으로 字는 智冶이며 號는 朴山이다. 乾隆 26年에 進士에서 文淵閣 大學士의 관직까지 이르렀다. 저서는 『百一山房詩文集』이 있다. 張撝之・沈起煒・劉德重 主編, 『中國歷代人名大辭典』上卷, 上海古籍出版社, 1999, p.781.

8) 陸費墀(?-1790): 淸나라 桐鄕 사람으로 字는 丹叔이며 號는 頤齋인데, 陸費는 復姓이다. 乾隆 31年에 進士가 되어 四庫全書館總校와 副總裁를 지냈다. 저서는 『歷代帝王廟諡年諱譜』와 『枝蔭閣集』이 있다. 張撝之・沈起煒・劉德重 主編, 『中國歷代人名大辭典』上卷, 上海古籍出版社, 1999, p.1320 ; 저서로 『四庫全書辯正通俗文字』가 있다. 『續修四庫全書한글索引集』, 김갱원, 신성출판사, 2004, p.73.

9) 朱弁(?-1144): 南宋의 徽州, 婺源 사람으로 字는 少章이고 號는 觀如居士이다. 매우 어린 나이에 太学에 들어가 高宗 建炎 初부터 관직에 있으며 많은 일을 하며 계속해서 杜甫 詩를 연구하였다. 『曲洧舊聞』・『風月堂詩話』・『聘遊集』 등의 저서가 있다. 張撝之・沈起煒・劉德重 主編, 『中國歷代人名大辭典』上卷, 上海古籍出版社, 1999,

10) 曲洧舊聞: 朱弁이 杜甫 詩를 연구한 책이다.

11) 河上公: 河公을 가리키며, 西漢 文帝 때 仙人이다. 『隋書・經籍志』에 老子 『道德經』을 道敎的

珞琭子三命消息賦注 提要　15

련된 이야기는 한나라 말이므로, 주나라 세자 진이 아닌 것이 분명하다.”고 하였습니다. 이 책의 앞에는 또 초이의 서문이 있는데 “낙록자는 陶宏景[12]이 자칭한 것이다”고 말하였습니다. 하지만 록명과 관련된 설은 당나라 李虛中[13]에 이르러서도 아직도 겨우 年月日時 계산하는 것을 시작하였고 이른바 아직 팔자라는 것이 아직 없었으니 도홍경의 시절에 어찌 이런 설이 있었겠습니까? 살펴보니 그 책(서자평 주)은 宋書『藝文志』에 비로소 보이며 晁公武[14]의 『讀書志』[15]에서도 또한 宣和 建炎 간에 이 책이 비로소 통행되었다고 하였으니 당연히 북송인의 작품이라 하겠습니다. 예전에 누구누구가 지었다 하는 것은 모두 의탁된 것입니다.

송나라 이래로 이 부에 주를 단 사람으로는 왕정광, 이동, 석담영 그리고 서자평 네 사람이 있습니다. 서자평의 사실 행적은 상고할 수 없는데 오직 명학으로 세상에서 존숭하는 바가 되었는데, 오늘날 팔자를 추명하는 일을 자평이라고 칭하는 것은 대체

관점에서 注한 책 2卷이 있다. 晉 葛洪 撰 『中國歷代名著全譯叢書』, 『神仙傳全譯』, 貴州人民出版社, 1998.

12) 陶宏景: 陶弘景으로, 淸나라 乾隆 황제의 이름 弘曆의 ‘弘’자를 避諱해 ‘宏’으로 쓴 것이다. 梁나라 秣陵 사람으로 字가 通明이다. 스스로 華陽隱居라 불렀으며 陰陽五行과 風角과 星算과 山川地理와 方圖産物에 밝았고 醫術과 本草에도 조예가 깊었다. 한 때 山中宰相이라고 불리었다. 渾天象을 만들었으며, 吉凶大事에 밝아 기인 행세를 하였다. 85세까지 無病長壽하다 죽었다. 『中國人名大辭典』, 臧勵龢等編, 商務印書館, 1921年.

13) 李虛中: 唐나라 사람이며, 魏나라 尙書僕射를 지낸 沖의 8世 孫으로 字는 常容이다. 憲宗 元和 연간에 관직이 殿中侍御史까지 올랐으며 韓愈가 쓴 墓誌銘(「殿中侍御史李君墓誌銘」)이 있다. 鬼谷子가 지은 책에 李虛中이 注를 한 「李虛中命書」가 있다. 五行 書에 조예가 몹시 깊어 生年月日을 日辰 干支로 바꾸어 사람의 壽夭貴賤을 추론하였는데 백에 하나도 실수가 없었다고 한다. 『中國人名大辭典』, 臧勵龢等編, 商務印書館, 1921年.

14) 晁公武(1105-1180): 宋나라 사람으로 字는 子止이고 號는 昭德先生으로 晁沖의 아들이다. 高宗 때 進士에서 시작해 孝宗때는 관직이 吏部侍郎까지 이르렀다. 자신의 藏書를 분류하여 카드형 식으로 만든 『君齋讀書志』를 저술하였고, 그 외에도 『昭德文集』과 『易詁訓傳』 등이 있다. 張 扐之・沈起煒・劉德重 主編, 『中國歷代人名大辭典』下卷, 上海古籍出版社, 1999, p.1901.

15)『讀書志』: 晁公武의 저서로 자신의 장서를 분류하여 카드화한 「郡齋讀書志」를 말한다.

로 그 이름에서 연유한 것입니다. 劉玉16)의 『已瘧編』에 말하기를 "강호에서 명을 말하는 사람으로 자평이 있고 오성이 있다. 서로 전하기를 송나라의 서자평이 있어서 성학에 정밀했기에 후세 술사들이 그를 종주라 하므로 자평이라고 칭했다"고 하였습니다. 또 말하기를 "자평의 이름은 居昜이고 五代 末사람이다. 마의도인과 진도남과 여동빈과 함께 모두 화산에 은거하였으니 대체로 모두 이인들이다. 요즘 서자평이라고 추측하는 사람은 송나라 말의 서언승이므로 자평이 아니다"고 말합니다. 그런데 이 설은 어디에서 근거했는지 알 수 없습니다. 하지만 술가들의 말은 백가지 가운데 하나도 진실 된 것이 없으니 쫓아가 따질 필요가 없습니다.

그 서자평의 주는 오래 동안 전해지는 판본이 없는데 오직 『영락대전』안에 보이는 것이 그나마 완질입니다. 삼가 수집하고 다듬어서 상하 두 권으로 만들어서 『宋志』에서 말한 내용과 부합되게 맞추었습니다. 그 가운데 "運氣의 向背"와 "金木 剛柔의 得失"과 "靑赤 父子의 相應"을 논한 말들은 모두 이치에 가깝습니다. 그 사이사이에 고법이 지금 법과 맞지 않는 것이 있는데 이것은 후인들이 잘 가려서 선택하는데 있을 따름입니다. 또 살펴보니 『삼명통회』에도 낙록자의 몇몇 구절을 싣고 있으며 (서자평의) 이 책과 전혀 합치되지 않는 그 이유는 대체로 원서가 산일되고

---

16) 劉玉: 明나라 사람으로 字는 咸栗이다. 正統 연간에 刑部郎中을 지냈고 景泰 초기에 左副都御史를 지냈다.

나서 간명자들이 또 여기에 의탁해서 지어냈기 때문일 것입니다. 거짓에 또 거짓이 보태진 것으로 대체로 근거할 만하지 못하니, 당연히 이것으로 정본을 삼아야 합니다.

건륭 46년(1781년) 3월에 공손히 교정하여 올립니다.

총찬관 기윤, 육석웅, 손사의

총교관 육비지

欽定四庫全書

珞琭子三命消息賦註　卷上

宋　徐子平　撰

> 1. 元一氣兮先天, 稟淸濁兮自然; 著三才以成象, 播四氣
>   以爲年.
>
> 원래 한 기운이 선천에 있다가 청탁을 품부 받아 스스로 그
> 러하고, 삼재로 드러나 상을 이루며 사시에 펼쳐져 한 해를 이
> 룬다.

元者, 始也. 一者, 道生一[17]冲氣也, 有物混成, 先天地
生.[18] 以看命法論之, 如人初受胎月, 在母腹中, 男女未分.
以四柱言之, 則知人本命也, 尙未有生月日時, 卽貴賤壽夭未
分, 故云 "一氣". 以大道言之, 則混一氣而生育天地也, 主祖
宗之宮也.

元은 시작이고, 一은 도가 낳은 하나의 충기인데, 이는 혼성된
물질이 있어 천지보다 먼저 생겨났다. 간명법으로 논하자면 사람
이 처음 태를 받은 달은, 엄마의 뱃속에서 남녀가 나누어지기 전
과 같다. 사주로 말하자면 사람의 본명을 알 수는 있지만 아직 生
月日時가 생기지 않아서 귀천과 수요가 나누이지 않으니, "一氣"
라 한다. 대도로 말하자면 혼성된 一氣이면서 천지를 길러내는
것이니, 祖宗의 궁이 된다.

---

17) 道生一: 『道德經』 42章에 보인다.
18) 有物混成, 先天地生: 『도덕경』 25章에 보인다.

陰陽旣分, 清氣爲天, 濁氣爲地. 地法天, 天法道, 道法自
然.[19] 以命術言之, 則如在母胎中以是成形, 男女已分也. 以
大道言之, 天地分也. 以四柱言之, 則生月是也, 主父母宮.

음양이 나누어지면서 청기는 하늘이 되고 탁기는 땅이 된다.
땅은 하늘을 본받고 하늘은 도를 본받으며 도는 자연을 따른다.
명술로 말하자면 엄마의 태중에 있을 때 형체가 이루어지고 이
미 남녀로 나뉜다. 大道로 말하자면 천지가 나뉘는 것이고, 사주
로 말하자면 태어난 달이 이것인데, 부모 궁을 주재한다.

天・地・人爲三才. 以命術言之, 是人生日是也. 乃人身自
得之宮, 看下臨何宮分也.

천지인은 삼재가 된다. 명술로 말하자면, 사람이 태어난 날이
이것이다. 바로 사람이 몸을 얻은 자신의 궁이니, 아래에 어떤 궁
이 임했는지 구분하여 살펴야 한다.

四氣者, 布木・火・水・金以爲四時, 各旺七十二日, 土旺
四季, 各旺十八日, 故爲一年五行之休旺也. 以看命論之, 是
人生時也. 以四柱論之, 本命・生月・生日・生時, 四柱也.

---

19) 地法天, 天法道, 道法自然: 『도덕경』 25章에 보인다.

每一宮有三元, 有天元·人元·支元. 生時主子孫也. 更看生時天元不居休敗, 居於旺相, 則佳矣; 死囚, 則見多而晚成.

四氣란 木火水金이 퍼져 사계절이 되며 각각 72일 동안 왕성하고, 土는 사계절에서 각각 18일 씩을 왕성하므로, 이는 일 년 동안에 五行의 休旺이 되는 것이다. 간명으로 논하자면, 이것은 사람이 태어난 시가 된다. 사주로 논하자면, 본명과 생월과 생일과 생시가 네 기둥이다. 언제나 하나의 궁마다 三元이 있으니, 天元과 人元과 地元이다. 생시는 자손을 주관한다. 또 생시의 천원이 휴패에 있지 않고 旺과 相에 있으면 좋으나, 死와 囚를 많이 보면 성취가 늦다.

---

2. 以干爲祿, 向背定其貧富; 以支爲命, 詳逆順以循環.

천간으로 록을 삼아서 그 향배로 빈부를 정하고, 지지로써 명을 삼으니 역순을 자세히 살펴 순환시킨다.

干者, 是生日天元也. 看干下有何支, 支內有何人元, 而與生日天元爲祿, 或有祿印, 或有財帛. 假令六甲生日人, 甲子生旺, 甲寅建祿, 甲辰爲財庫, 甲午爲妻財, 甲申爲官印, 甲戌爲財官. 其甲子以水生木, 如秋生幷十二月生, 則有官貴命,

官印無失. 甲以庚辛爲官印, 爲子有癸, 善制其丁, 故曰癸乃
甲之印綬也. 更須消息四柱內外吉凶輕重, 而配其休祥. 其言
不可大疾, 疾則不盡善矣.

천간은 태어난 날의 천원이다. (태어난 날의)천간 아래에 어떤
지지가 있고 지지 안에 어떤 인원이 있는지를 살피는데, 생일 천
원의 록이 되는지, 혹은 록인이 있는지, 혹은 재백이 있는지를 본
다. 가령 六甲 생일인 사람의 경우에 甲子 일에 생하면 왕하고, 甲
寅 일에 생하면 건록이고, 甲辰 일에 생하면 재고가 되며, 甲午 일
에 생하면 처재가 되고, 甲申 일에 생하면 관인이 되며, 甲戌 일에
생하면 재관이 된다. 그 甲子 일은 水生木으로, 가을 생이나 12월
생이면 관이 있어 귀명이고 관인을 잃지 않는다. 甲 木은 庚·辛
金으로서 관인이 되고, 子에는 癸 水가 있어 丁 火를 잘 다스리므
로 癸 水는 甲 木의 인수라고 한다. 또 반드시 四柱 내외 길흉의
경중을 소식해서 그 좋은 징조와 짝 지워 봐야 한다. 그 말은 큰
병이 있으면 안 되니, 병이 있으면 그다지 좋지 않음이다.

向者要生日天元向其祿馬也. 如無祿馬, 向其財帛, 或有向
其壽限, 向其旺相也. 假令六甲生日天元, 若得夏至生, 而居
辰戌丑未, 幷丑位之上, 則有財帛及有祖基. 若是秋生, 居巳
酉丑申戌, 四柱之內別無丙丁, 則甲之向祿也. 甲以金爲官印,

秋生金旺, 故曰向也. 若運到西方者, 亦向祿也; 運行南方及四季, 亦向財也. 若生月內有官印於生日天元, 則主官出祖宗; 如生月及支內有財於生日天元, 則主有祖財. 若生時支內有財, 別無刑衝尅破, 則主自立財. 其論官·論財, 更須精其休旺輕重言之. 財庫幷旺相爲佳, 官長生·官庫·官旺相爲妙.

向이란 생일 천원이 그 록마를 향해야 하는 것이다. 만약 록마가 없으면 재백을 향하거나 혹은 壽限(수한: 하늘에서 받은 壽命)을 향함이 있어야 하고, 旺과 相을 향하는 것이 좋다. 가령 六甲 생일의 천원이 만약 하지에 태어나고 辰·戌·丑·未에 있으며 아울러 丑의 위에 있으면, 재백과 조상의 기반이 있는 것이다. 만일 가을 생이고 巳·酉·丑·申·戌 등이 있으며 사주 내에 따로 丙 火와 丁 火가 없으면, 甲 木은 록을 향한 것이다. 甲 木은 金으로 관인을 삼는데 가을에 태어나면 金이 왕성하므로 向이라 말할 수 있다. 만일 운이 서방에 이르게 되어도 역시 록을 향하는 것이다. 운이 남방 및 사계로 행하면 역시 재를 향하는 것이다. 만일 생월에 생일 천원의 관인이 있으면 조상이 관직에 나가게 된다. 만일 생월과 지지 안에 생일 천원의 財가 있으면 조상의 재물이 있다. 만약 생시의 지지에 재가 있고 별도로 형과 충과 극과 파가 없으면, 주인 스스로 재물을 일구게 된다. 관과 재를 논할 때는 반드시 休와 旺의 경중을 정밀하게 살펴서 말해야 한다. 재고가 더불어 旺과 相에 있으면 아름답고, 관의 장생과 관의 庫와 관의 旺과 相은 아주 좋다.

支者, 十二支也. 支內有天元十干, 甲祿在寅・乙祿在卯之類. 宜生日天元取年月時中內天元, 配其吉凶, 或有財帛, 或有官印, 或壽或夭. 假令甲日天元屬木, 取金爲官印, 取土爲財帛, 見丙爲壽星, 見乙幷亥卯未爲劫財. 合用官印或財帛, 須精休旺言之.

支는 십이지다. 地支 안에는 십간 天元이 들어 있으니, 甲 木의 록은 寅에 있고 乙 木의 록은 卯에 있는 종류다. 마땅히 생일 천원은 年月時의 안에 있는 천원을 취하여 그 길흉을 짝 지워야하는데, 혹은 재백이 있는가? 혹은 관인이 있는가? 혹은 장수하는가? 요절하는가? 등이다. 가령 甲 일의 천원은 木에 속하니, 金은 관인이 되고 土는 재백이 되며 丙 火가 보이면 수성이고 乙 木과 함께 亥・卯・未가 보이면 겁재가 된다. 관인과 재백을 합하여 쓰되 休와 旺을 정밀히 살펴 말해야 한다.

---

3. 運行則一辰十歲, 折除乃三日爲年. 精休旺以爲妙, 窮通變以爲玄.

> 運을 행함에 있어서는 일진이 10년이 되고, 절제하면 3일이 1년이 된다. 休旺에 정밀하여 오묘하게 되고, 통변을 궁리하여 현묘하게 된다.

行運則一辰十歲, 折除乃三日爲年. 折除者, 一年二十四氣, 七十二候, 命有節氣淺深, 用之而爲妙. 假令六甲日生人, 以金爲官印, 得六月下旬生, 則有官印者, 有祖財. 更若順行陽運則爲佳, 逆行則運背矣. 甲以金爲官印, 南方火能奪甲之貴. 南方, 火土之分, 却向財帛, 若七八月尤佳, 若六月上旬或中氣生則無官. 若年月時在申巳酉丑位, 更運行西方, 則却有官印, 而亦榮顯也. 若六月中氣或初氣下生, 却更年與時在寅午戌·亥卯未之位, 更天元有丙丁, 只是商賈之命也.

運을 행함에 있어서 일진이 10년이고, 3일씩 잘라서 끊어 제한 수가 일 년이 된다. 절제란 1년 24기 72후이니, 命의 절기 천심을 잘 사용하면 절묘함이 있다. 가령 六甲 木 일에 태어난 사람은 金이 관인이 되므로, 6월 하순에 태어나면 관인이 있게 되니 조상의 재물이 있다. 만약 순행하는 陽 운이면 아름답고, 역행하게 되면 운을 거스르게 된다. 甲 木은 金으로 관인을 삼는데, 남방의 火는 甲 木의 貴를 빼앗을 수 있다. 남방은 火와 土로 나누이고 재백을 향하니 가령 7·8월이면 더욱 아름답지만, 만약 6월 상순 또는 중기에 태어나면 官이 없다. 年月時에 申·巳·酉·丑이 있고 또 운이 서방으로 운행하게 되면 도리어 관인이 있게 되니 이 또한 영화롭다. 만약 6월 중순 혹은 초순 생이면서 다시 년과 시에 寅·午·戌과 亥·卯·未가 있고 또 다시 천원에 丙·丁의 火가 있다면 바로 장사를 하는 직업의 명이다.

其五行休旺, 已具前術. 凡看命見貴賤, 未可便言, 且精四柱內外天元幷三合有無·尅奪所有之貴. 假令壬午日生, 乃祿馬同鄕, 切不可年月時中有甲乙幷寅卯. 若春生則甲乙旺, 土死則壬背祿也. 若夏秋生, 雖見甲乙·寅卯, 亦有官印. 夏生土旺則官印旺也, 秋生則甲乙絶而無害. 餘倣此. 假令壬子年壬子月丙申日辛卯時. 然丙申·辛卯, 天地六合, 被太歲是壬子, 更壬子月, 二壬刑於卯位, 此合而不合也. 若丙取辛作妻, 定因財致禍而身災也. 凡看命, 切詳內外五行相合·有無忌神, 更看所用者[20]內外天元得淺深向背而用之.

오행의 休旺에 대하여는 이미 앞에서 설명하였다. 무릇 명을 살피고 귀천을 보는 것을 쉽게 말하면 안 되며, 또한 사주 내외의 천원과 아울러 삼합의 극탈 유무에 정밀한 것을 귀하게 여긴다. 가령 壬午 일에 태어나면 록마동향이지만, 年月時 중에 절대

---

20) 用者: 이 "用者"라는 用語는 해당 사주에서 필요한 五行 또는 六親의 의미로 사용되고 있다. "用神"이라는 개념의 서자평식 언어로 이해된다.

로 甲·乙 木과 寅·卯가 어울려 있으면 안 된다. 만약 태어났으
면 甲·乙 木은 旺하고 土는 死에 있으므로 壬 水는 배록이 된다.
만약 여름이나 가을에 태어났으면 비록 甲·乙 木과 寅·卯를 만
나도 역시 관인이 된다. 여름에 나면 土가 旺하니 관인이 왕한 것
이고, 가을에 나면 甲·乙 木은 絶하지만 해로움은 없다. 다른 나
머지들도 이와 같다. 가령 壬子 년 壬子 월 丙申 일 辛卯 시일 때,
丙申과 辛卯는 천지 육합이지만 태세가 壬子인데다 다시 壬子 월
이어서 두 개의 壬 水가 卯의 자리를 형하므로, 이는 합은 있지만
합이 되지 않는다. 丙 火가 辛 金을 취해 처로 삼으니, 재물로 인
하여 禍에 이르고 신체에 재앙이 따르게 된다. 무릇 명을 볼 때는
내외 오행의 상합과 기신의 유무를 자세히 살피고, 또 用者 내외
에 있는 천원의 천심과 향배를 다시 살펴서 써야 한다.

---

4. 其爲氣也, 將來者進, 功成者退.21) 如蛇在灰, 如鱔
   在塵.

   그 기는 장차 올 것은 나아가게 하고, 功을 이룬 것은 물러
나게 한다. 마치 뱀이 재에 있는 것과 같고, 드렁허리가 티끌
속에 있는 것과 같다.

---

21) 其爲氣也, 將來者進, 功成者退: 석담영의 『낙록자부주』에는 "其爲氣也, 將來者進: 其爲形也, 功
   成者退(그 氣는 장차 올 것은 나아가게 하고, 그 形은 功을 이룬 것은 물러나게 한다.)"로 되
   어 있다.

氣者, 四時向背之氣也. 假令六甲六乙生日, 春生則無官, 夏生則有財, 秋生則向祿, 冬生則生旺. 秋生得申巳酉丑或壬戌‧庚辰, 則有官印重矣. 若生時却居寅午戌巳上, 更有戊己‧丙丁在時中, 則官減半言之. 如本位犯[22]丙丁南方火位, 亦奪甲之印也.

氣는 사시 향배의 기를 말한다. 가령 六 甲과 六 乙 생일이 봄에 태어나면 관이 없고, 여름에 태어나면 재물이 있으며, 가을에 태어나면 록을 향하고, 겨울에 태어나면 생왕하다. 가을에 태어나 申‧巳‧酉‧丑 또는 壬戌‧庚辰을 얻으면 관인이 중하게 된다. 만약 태어난 시가 寅‧午‧戌‧巳의 위에 있고 또 戊‧己‧丙‧丁이 시 중에 있으면 관은 반으로 적어진다고 말한다. 마치 본위가 丙‧丁의 남방 火 자리를 범하면 또한 甲 木의 印을 빼앗게 되는 것과 같다.

五行當權者, 用之位福; 不當權者, 用之無慶. 假令金用火爲官印, 九夏生則向官, 七月生則氣退, 卽官不遷進也. 當用之神旺相則有慶, 死囚休敗則退也. 又如水命人以土爲官印, 却得十月‧正月‧二月生, 雖有土而不中用, 以五行退則不當權而休息. 此論五行氣退罷權之道.

---

22) 犯: 『낙록자삼명소식부주』 新文豐 本에는 “配”로 되어 있다.

五行 當權이란 그것을 쓰면 복이 되지만, 당권하지 못하면 써도 경사로움이 없다. 가령 金은 火를 써서 관인이 되므로 한 여름에 태어나면 官을 향하나, 7월에 태어나면 (火가) 퇴기인 즉 관은 벼슬로 나아가지 못하게 되는 것이다. 마땅하게 쓸 수 있는 오행이 旺하고 相하면 경사가 있고, 死하고 囚되거나 휴패하면 물러나게 된다. 또 만약 水 命 人이면 土가 관인이므로, 도리어 10월·1월·2월에 태어나면 비록 土는 있지만 바르게 쓰이지 못하니, 오행의 기가 퇴하면 당권하지 못하고 휴식하게 된다. 이는 오행의 기운이 물러나면 권력에서 물러나는 이치를 논한 것이다.

如蛇·蟬之在灰塵, 則何可長久也?

마치 뱀과 드렁허리가 재와 먼지에 있는 것과 같으니, 어찌 오래 갈 수가 있겠는가?

---

5. 其爲有也, 是從無而立有; 其爲無也, 天垂象以爲文.

(오행은) 그 有됨은 無로부터 有를 세운 것이고, 그 無됨은 하늘이 드리운 象을 文으로 여긴 것이다.

此五行論於絶地而建貴也, 五行絶處有祿馬. 假令丁亥・丙
子・庚寅・甲申・乙酉・戊寅・壬午・癸巳・己卯・己亥,
皆從無天元受絶休囚之地, 却成貴强之位. 鬼谷曰 "干雖絶而
建日", 『成鑑』曰 "受氣推尋, 胎月須深", 亦當論生日天元破
絶而貴也. 賦言: "五行窮絶處無也, 絶中建祿則有也." 凡此
者皆合大道, 貴而淸也.

이는 오행이 絶地에서도 貴를 세움을 논한 것으로, 오행의 절
처에 록마가 있는 것을 말한다. 가령 丁亥・丙子・庚寅・甲申・乙
酉・戊寅・壬午・癸巳・己卯・己亥는 모두 천원이 絶과 休・囚地
를 받았어도 관계없이 도리어 귀하고 강력한 지위를 이룬다. 귀
곡23)이 이르길, "천간은 비록 絶하더라도 日을 세운다."고 하였
고, 『성감』에 이르길, "受氣를 찾아내서 가져 올 때는 태월을 반
드시 깊이 살펴야 한다."고 했으니, 이 또한 생일 천원이 파절하
였어도 귀한 것으로 논해야 함을 말한 것이다. 賦에서 "오행이
궁절한 곳은 없고, 絶 중에 건록은 있다."고 말 하였다. 이는 모두
대도에 일치하니, 귀하고도 좋다.

---

23) 鬼谷(鬼谷子): 漢代 應劭의 『風俗通義』에 "鬼谷先生이라 불렸으며 六國時代의 縱橫家"라 하였
다. 唐代 李善이 注한 晉 郭璞의 「游仙詩」와 宋代 李昉 等이 편집한 『太平廣記』 卷4에 "鬼谷
先生은 晉 平公 때의 사람으로 鬼谷에서 은거하였기 때문에 귀곡이라 불렸으며 선생의 이름은
王詡(왕후)로써 淸溪山에 살았다"고 하였다. 출생연도는 알 수 없으나 대략 B.C.3세기경의 종
횡가로, 그의 제자에는 6국 合從策을 이룬 蘇秦과 聯橫策을 주도한 張儀가 있다고 하는 설
이 있다. 저서로 『鬼谷子』가 전해온다. 曹勝高 安娜 譯注, 『鬼谷子』, 北京中華書局, 2007.

『易』曰: "懸象著明莫大乎日月."24) 日月者, 天之文也, 陰陽之柄也. 日往則月來, 暑往則寒來, 皆一生造化之文也.

『역』에 "형상을 분명하게 드러내어 매달린 것 중에 日月보다 큰 것이 없다"고 하였다. 일월은 하늘의 무늬고 음양의 근본이다. 해가 가면 달이 오고, 더위가 가면 추위가 오는 것은 모두 일생 조화의 문양이다.

---

6. 其爲常也, 立仁立義. 其爲事也, 或見或聞.

(오행은) 그 떳떳함이 됨에는 仁을 세우고 義를 세우며, 그 일삼음에는 혹 보이거나 혹 들린다.

五行者, 在天爲五星, 在地爲五嶽, 在人爲五臟, 推而行之則爲五常.

五行이 하늘에서는 五星이 되고 땅에서는 五嶽이 되며 사람에게는 五臟이 되니, 미루어 행하면 五常이 된다.

常有可久之道, 則秉乎仁義者. 『易』曰: "立天之道, 曰陰與

---

24) 懸象著明莫大乎日月: 『周易』 「繫辭上傳」 11章에 보인다.

陽; 立地之道, 曰柔與剛; 立人之道, 曰仁與義."25) 人之道,
非仁與義, 則不能立也. 命遇金者必要木, 有木者須要金, 是
謂有剛濟柔, 仁而尚勇, 遇此格者多貴. 賦曰: "金木定其剛
柔"26) 是也.

常에는 오래 갈 수 있는 도가 있으니, 仁義를 잡아 지키는 것이
다. 『역』에 이르길, "天道를 세우니 음과 양이고, 地道를 세우니
柔와 剛이며, 人道를 세우니 仁과 義이다."라고 하였다. 사람의 도
는 인의가 아니면 세울 수 없다. 명에서 金을 만나면 반드시 木이
필요하고 木이 있으면 반드시 金이 필요한 것은 강함이 유함을
구제함이니, 仁은 勇을 숭상하므로 이러한 격을 만나게 되면 貴
가 많다. 賦에 이르길, "金과 木이 그 剛柔를 정한다."고 한 것이
이것이다.

其爲也者, 今術者將人生年月日時中支匹配吉凶作爲也.

(賦에서 말한)其爲라는 것은 지금 術者들이 사람이 태어난 年月
日時 중 지지를 吉凶과 짝짓는 행위를 말한다.

或見者, 年月日時上天元也; 或聞者, 支內人元也, 甲在寅

---

25) 立天之道, 曰陰與陽 ; 立地之道, 曰柔與剛; 立人之道, 曰仁與義:『周易』「說卦傳」2章에 보인다.
26) 金木定其剛柔:『낙록자부주』上卷 15章에 보인다.

之類. 又辰乃水土之庫27)·戌火庫·丑金庫·未木庫. 辰中有乙, 是春木之餘; 未中有丁, 是夏火之餘氣; 戌內有辛, 是秋金之餘氣; 丑中有癸, 是冬水之餘氣. 有春分·秋分·夏至·冬至二十四氣七十二候, 分陰陽所主之事, 以定貴賤.

或見은 年月日時의 천원을 말하고, 或聞은 地支 내의 인원을 말하니, 甲 木이 寅에 있다는 종류이다. 또 辰은 水와 土의 庫이고 戌은 火의 庫이며, 丑은 金의 庫이고 未는 木의 庫이다. 辰 중에는 乙 木이 있으니 이것은 봄 木의 여기이고, 未 중에는 丁 火가 있으니 이것은 여름 火의 여기이며, 戌 중에는 辛 金이 있으니 이것은 가을 金의 여기이고, 丑 중에는 癸 水가 있으니 이것은 겨울 水의 여기이다. 춘분·추분·하지·동지 같은 24기와 72후가 있어서 음양이 주관하는 일을 나누고 귀천이 정해진다.

今術者看命而定吉凶, 知見與不見之理, 執法而善用之, 則爲妙矣.

요즘 술사들이 명을 보고 길흉을 정할 때, 보이는 것과 보이지 않는 것의 이치를 깨달아서 이치에 따라 집행하고 선용하면 신묘하게 된다.

---

27) 辰乃水土之庫: 서자평은 여기에서 水와 土를 동궁으로 사용하고 있다.

7. 崇爲寶也, 奇爲貴也. 將星扶德, 天乙加臨, 本主休囚,
行藏汨没.

"崇"은 寶가 되고 "奇"는 貴가 된다. 將星으로 덕을 돕고 天乙
이 임하여도, 本主가 休囚하면 행로가 어려움에 빠지게 된다.

崇者, 尊也. 凡看命, 主本得則成慶, 并上下三元祿馬爲奇.
切忌別位歲月時中衝尅破, 本位有損, 則或貴而輕也; 損之重,
則貴而不貴也. 生日歷貴地而日旺, 不可擊損也, 故曰 "崇爲
寶也".

崇이란 지위가 높아 우러르는 것이다. 명을 볼 때 主本이 자리
를 얻으면 경사로움이 이루어지고, 아울러 상하의 삼원이 록마이
면 기이하고 뛰어나게 된다. 다른 자리에 꺼리는 것이 있으면 안
되고, 다른 자리의 歲月時 중에 충하고 극하고 파하여 本位에 손
상이 있으면 혹 귀함이 가벼워지고, 손상이 크면 貴가 귀하지 않
게 된다. 태어난 날이 貴地이면서 생일이 旺하면 손해를 당하지
않으니, "崇은 寶가 된다."고 하였다.

又如命中有掌壽·掌財·掌灾福之辰, 亦不可被別位制伏·
刑尅·損奪, 被損則有灾禍. 假令甲日生人, 年月日時中庚來

尅身, 有乙或卯巳午火, 則能救之也. 爲福之地, 不可被傷; 禍聚之地, 不可無救.

또 명 중에 장수나 장재나 장재복을 담당하는 자리가 있을 때, 또한 다른 자리에서 制伏(제복: 극을 받아 약해짐)하고 형극하고 빼앗겨 손해를 당하면 안 되고, 손해를 입게 되면 재앙이 있다. 가령 甲木일에 태어난 사람이 年月日時에 庚金이 와서 身을 극할 때, 乙木이나 卯와 巳・午가 있으면 능히 구할 수 있다. 福地가 되면 다치게 되지 않고, 재앙이 모인 땅은 구제할 수 없다.

三奇爲貴者, 謂年月日時內外三爲匹配者. 三奇祿馬則貴命也. 更看祿馬所乘輕重而言之, 『三奇歌』云: "甲己六辛頭, 乙戊向庚求. 丙辛遭癸美, 丁壬辛更優. 戊癸逢乙妙, 己壬幷甲遊. 庚乙丁須聽, 辛甲丙同周. 壬丁己堪重, 癸丙戊何愁?"

三奇를 귀하다 함은, 年月日時의 안과 밖에서 셋이 서로 짝이 되는 것을 말한다. 삼기 록마는 즉 귀명이다. 다시 록마가 탄 것을 보고 경중을 말하는데 『삼기가』에 이르길, "甲・己는 六辛金의 시초이고, 乙・戊는 庚金을 향해 구하고, 丙・辛은 癸水를 만나면 아름다우며, 丁・壬은 辛金을 만나 넉넉하고, 戊・癸는 乙木을 만나 묘하고, 己・壬은 甲木과 즐기고, 庚・乙은 丁火에게

듣기를 기다리고, 辛・甲은 丙 火와 함께 두루 미치고, 壬・丁은
己 土에서 견딤이 크며, 癸・丙은 戊 土에서 얼마나 근심을 하겠
는가?"라고 하였다.

將星者, 月將也; 扶德者, 德辰也, 又曰六合也. 假令壬寅
年庚戌月癸卯日乙卯時, 九月將在卯, 扶其生日, 更得九月金
土六合: 卯戌合・乙庚合・戊癸合. 如此五行各不居休敗, 則
貴命也, 可作兩府之上貴格言.

將星은 월장이고 부덕은 덕진이고 또 육합을 말한다. 가령 壬寅
년에 庚戌 월에 癸卯 일에 乙卯 시일 때, 9월의 장은 卯에 있고 생
일을 돕는데, 다시 9월(庚戌) 金・土가 육합으로, 卯・戌 합이 되
고 乙・庚 합이 되고 戊・癸 합이 된다. 이와 같이 오행이 각각
휴패에 있지 않으면 귀명으로 (文武)양부지상의 귀격이라고 말할
수 있다.

雖生日取合前面貴氣, 若亦本主休囚, 卽不爲貴命也, 只可
作虛名言之, 故曰 "本主休囚, 行藏汨沒"也.

비록 생일을 말할 때 앞 쪽의 貴氣를 합하여 취하지만, 만일 本
主가 休하고 囚하여 약하다면 귀명이 되지 못하고 단지 虛名을 만

들 뿐이다. 그러므로 "本主가 休囚하면 나아가거나 물러감이 어려운 상황이 된다."고 말한다.

---

8. 至若勾陳得位, 不虧小信以成仁; 眞武當權, 知是大才而分瑞.

가령 (土神인) 구진이 득위하면 작은 믿음을 이지러뜨리지 않고 인을 이루고, (水神인) 진무가 권한을 잡게 되면 큰 재목이 되어 상서로움을 나누어 갖게 됨을 안다.

句陳, 戊己土也. 得位者, 戊己日生臨於寅卯幷亥卯位下, 有官印·長生·帝旺·庫墓, 乃祿馬之鄕. 不虧小信以成仁者, 土厚主信也. 更得位, 則能成仁矣. 此三奇貴印卽君子也, 故曰 "以成人之美"也, 賦曰 "約文而切理"28)者也.

구진은 戊·己 土다. 득위는 戊·己 일에 태어나서 寅·卯나 亥·卯에 임하고 아래에 관인과 장생과 제왕과 묘고가 있으면 록마지 향이다. 작은 믿음을 이지러뜨리지 않고 仁을 이룬다고 하는 것은 土가 두터워서 信을 지키는 것이고, 다시 자리를 얻으면 능히 仁을 이룰 수 있음이다. 이렇게 삼기가 貴印이면 군자이니 "남의

---

28) 約文而切理: 『낙록자부주』 하권 74章에 보인다.

훌륭한 점을 도와서 일이 더 잘 되기를 도와준다.”고 하였고, 賦
에서 이르길 “문장을 축약해 이치에 정성스럽게 했다”고 하였다.

又曰: “眞武當權者, 壬癸生日也”, 以壬午·癸巳·壬辰·壬
戌·癸丑·癸未日生也. 或四季月, 亦是下有官印·祿馬·旺
相·墓庫而成慶, 此乃作上格貴命言也.

또 “진무당권은 壬·癸 水일에 태어난 것이다”고 말하였으니,
壬午와 癸巳와 壬辰과 壬戌과 癸丑과 癸未 일에 태어난 것을 말한
다. 혹 사 계월(辰·未·戌·丑 月)생이 또 아래에 관인과 록마와
왕상과 묘고가 있어 경사로움을 만들면, 이는 上格의 귀명이 되
는 것을 말한다.

> ### 9. 不仁不義, 庚辛與甲乙交差; 或是或非, 壬癸與丙丁相
> 畏.
>
>   不仁하고 不義한 것은 庚·辛 金과 甲·乙 木이 서로 어긋나
> 서이고, 혹은 맞고 혹은 틀린 것은 壬·癸 水와 丙·丁 火가 서
> 로 두려워해서이다.

前二句是貴命切忌五行交差. 甲己·乙庚·丙辛·丁壬·

戊癸是陰陽相合而成貴命也. 若甲見庚, 乙見辛之類, 皆是五行陰陽不合而交差也, 乃無福之命. 更有交差之論, 且如甲以金爲官印, 見火而亦曰交差, 則不成慶也. 更有十二支交差, 如午與未合, 却被戌刑丑破, 卯辰破於未位, 此亦曰交差. 卯與戌合, 而忌辰衝, 丑刑戌未三刑也; 辰與酉合, 而忌午之破爲害. 餘可例求焉.

앞의 두 글귀는 귀명이 오행 交差를 대단히 꺼린다는 것이다. 甲・己와 乙・庚과 丙・辛과 丁・壬과 戊・癸는 음양이 서로 상합하여 귀명을 이룬다. 그러나 甲 木이 庚 金을 보고 乙 木이 辛 金을 보는 등의 종류와 같은 것은 오행 음양이 합하지 않으니 교차라고 하며, 복이 없는 명이다. 다시 또 다른 교차의 의견이 있으니. 甲 木은 金으로 관인을 삼는데 火를 만나면 또 교차라고 하니 경사스러움을 이루지 못한다. 또 십이지의 교차에 관한 의견이 있으니, 가령 午와 未가 합하는 경우에 도리어 戌이 형하고 丑이 파하는 것을 당하거나. 卯・辰이 未의 자리에서 파하는 것 역시 교차라 한다. 卯와 戌이 합이지만 辰이 충하는 것을 꺼리고, 丑은 戌과 未가 형하여 三刑 되는 것을 꺼리며, 辰과 酉는 합이 되지만 午가 파하면 害가 되니 꺼린다. 나머지도 예에서와 같이 구한다.

是者, 五行和合也, 成慶而貴也; 非者, 五行內外陰陽不起,

卽不是貴命也. 丁畏癸, 丙壬相畏故也. 若丁見壬卽爲合, 丙
見癸卽爲官; 一陰一陽曰道, 偏陰偏陽曰疾; 正合則爲貴命,
偏合不爲貴命也. 宜消息而言之.

是는 오행이 화합하는 것으로 경사가 이뤄지고 귀하지만, 非는
오행 내외 음양의 기운이 일어나지 않으므로 귀명이 되지 못한
다. 丁 火는 癸 水를 두려워하고, 丙 火와 壬 水는 서로 두려워하기
때문이다. 가령 丁 火가 壬 水를 보면 합이 되고, 丙 火가 癸 水를
보면 곧 官이 된다. 한번 陰하고 한번 陽하는 것을 道라 말하고,
치우쳐진 음양을 질병이라 말한다. 올바르게 만나면 귀명이 되
고, 치우쳐서 만나면 귀명이 되지 못한다. 소식을 잘해서 말해야
한다.

---

10. 故有先賢謙已, 處俗求仙, 崇釋則離宮修定, 歸道乃
    水府求玄.

그러므로 선현들은 자기를 겸손하게 낮추어 속세에서 살면
서도 신선을 구하였으니, 부처를 숭상하면 離宮(이궁: 절·속
세를 떠난 집·法宮)에서 定을 닦았고, 도에 귀의하면 수부에
서 현묘함을 구하였다.

固有達賢之士, 自謙而處俗塵, 降心火而進於水府, 養丹砂
而成妙道矣.

진실로 현달지사가 있어서 스스로 겸손하게 세속에 머물며, 마
음의 불을 아래로 내리고 수부로 나아갔고, 단사로 수양하여 묘
한 도를 이루었다.

以看命言之, 五行中有水火旣濟之命也. 又如丙子生人得亥
子時, 或申子辰水位, 亦曰旣濟. 假令丙申·丙辰·丙子·丁
亥·丁丑·丁酉生人, 或火而水相濟成慶, 皆爲水火旣濟之
命也.

간명으로 말하자면 오행 가운데 수화기제의 명이 있다. 또 丙
子 생의 사람이 亥·子 시를 얻거나, 申·子·辰 水의 자리에 있
을 때도 역시 旣濟 되었다고 말한다. 가령 丙申·丙辰·丙子·丁
亥·丁丑·丁酉 생의 사람이 火를 水로 相濟하여 경사를 이루면,
모두 수화기제의 명이 된다.

---

11. 是知五行通道, 取用多門. 理於賢人, 亂於不肖; 成
    於妙用, 敗於不能.

이는 오행이 도에 통하며, 취하여 씀에 여러 방법이 있음을 아는 것이다. 현인에게서 다스려지고 불초한 자에게서 어지럽혀지며, 묘용이 있는 자에게서 이루어지고 무능한 자에게서 낭패를 본다.

取用多門, 謂人命生處各自不同, 基本亦異, 吉凶向背, 行運用法, 所主者異兆. 故曰 "取用多門", 卽非一途而取軌也.

취하여 쓰는 것에 여러 다른 많은 종류의 방법이 있는 것은 人命이 태어나는 곳이 각자가 다르고 기초와 근본 역시 다르므로, 길흉의 향배에 따른 운을 행하는 용법을 주관하는 징조가 다르다는 것이다. 그러므로 "취용다문"이라 하는 것이니, 한 가지 방법으로 법칙을 삼지 않는다.

亦要人用心消息, 五行所歸, 卽知吉凶也. 賢達之人深愁造化, 愚者豈能曉了? 『易』曰: "苟非其人, 道不虛行"[29] 是也.

또한 사람이 마음 사용의 소식이 중요한 것이니, 오행이 돌아가는 바를 보면 길흉을 알 수 있다. 어질고 통달한 사람이라야 조화를 깊이 알 수 있으니, 어리석은 자가 어찌 깨달을 수 있겠

---

29) 苟非其人, 道不虛行: 『周易』 「繫辭下傳」 8章에 보인다.

는가? 『역』에 이르길, "진실로 그 사람이 아니면 도는 헛되게 행하지 않는 것이다."라고 한 것이 이것이다.

---

12. 見不見之形, 無時不有; 抽不抽之緖, 萬古聯綿.

보이지 않는 형상을 보니 (그 형상은) 있지 않은 때가 없었고, 뽑히지 않는 실마리를 뽑아내니 (그 실마리는) 만고토록 면면히 이어져왔다.

不見之形者, 內天元也, 庫墓餘氣節令也, 衝刑尅破也, 及五行休旺匹配生死也, 三合・貴地・祿馬・妻財・父母, 皆不見之形也. 只聞其有形而用之, 自然應驗矣.

보이지 않는 형상을 본다는 것은 안에 들어 있는 천원이고, 묘고와 여기의 절령이며, 충과 형과 극과 파이고, 오행의 休旺과 匹配와 生死이니, 삼합과 귀지와 록마와 처재와 부모도 모두 다 不見之形이다. 단지 그 형상 있는 것을 듣고서 쓰면, 저절로 응험함이 있다.

凡取用法, 則此蠶婦抽緣之妙. 善取者能尋其頭緒, 自然解之得緣也; 不善者不知頭緒, 萬古聯綿也.

무릇 그 취하여 쓰는 법은, 누에를 치는 아낙이 그 실을 뽑아 내는 것에 비유된다. 잘 뽑아내는 사람은 그 실마리를 찾아서 자 연스럽게 흰 비단을 잘 뽑지만, 잘 뽑지 못하는 사람은 그 실마 리를 알지 못해 오랫동안 계속한다.

凡言命中貴賤吉凶, 先得頭緒, 則灾祥自然應驗矣. 生時坐 祿, 甲日見寅時·乙日見卯時之類, 時坐本祿, 更看歲月有無 刑衝尅破本祿, 祿旺用之云.

무릇 명을 말할 때 貴賤과 길흉의 실마리를 찾으면, 재앙과 상 서로움을 자연히 응험하게 된다. 태어난 시가 록에 앉았다는 것 은 甲木일이 寅 시를 만나고 乙 木일이 卯 시를 만나는 등의 종류 이고, 시가 本祿에 앉았다고 하는 것은 다시 세월이 본록을 형하 고 충하고 극하고 파하는 것이 있는지 없는지를 살펴서 록이 왕 성하면 쓴다고 하는 것이다.

---

13. 是以河公懼其七殺, 宣父[30]畏其元辰. 峨眉[31]闞以 三生, 無全士庶; 鬼谷播其九命, 約以星觀. 今集諸 家之要, 略其偏見之能, 是以大解曲通, 妙須神悟.

---

30) 宣父: 宣父(선보)는 孔子(B.C.551-B.C.479)를 가리키며, "공자의 후손인 孔均으로 하여금 공자 의 제사를 받들게 하면서 공자를 추모하여 원시 원년에 '襃成宣尼公'이라 하였다"고『漢書』 「平帝紀」에 전한다.(Baidu)

이 때문에 하상공은 칠살을 무서워했고, 공자는 원진을 두려워하였다. 아미선생은 삼생을 천명하였으나 보통사람은 온전하지 않았고, 귀곡선생은 구면에 대해 이론을 펼쳤으되 별을 관찰하는 것으로 요약하였다. 이제 제가의 요체를 모아 그 치우친 견해 중 능한 점을 요약하였으니, 이로써 큰 대강이 풀리고 후미진 곳도 통할 것이지만, 오묘함은 모름지기 신묘하게 깨달아야 한다.

此今術者旣見年月日時, 取其有尅而爲用者是何, 作官印用之, 作官鬼用之. 假令甲見庚或見申位, 爲官爲鬼, 須見金木輕重之用言之. 假令丙日生人逢亥七煞, 亥中有壬, 丙見壬爲七煞. 丁到子位, 甲到申, 辛到午, 壬到巳, 戊到寅, 己到卯, 庚到巳, 皆爲七煞之地, 主有灾. 如當生元有七煞, 運更相逢卽重矣, 不利求財, 主有灾. 如當生歲月日時元無七煞, 則灾輕.

이 단락은 술사로 하여금 年月日時를 보고 나서, 극함이 있을 때 用者가 되는 것이 무엇인지를 취하여, 그것으로 어떻게 관인을 삼아 쓰고 관귀로 삼아 쓰는가 하는 것을 말한다. 가령 甲木이 庚金을 만나거나 혹 申의 자리를 만나면 官도 되고 鬼도 되니,

---

31) 峨眉: 아미는 西蜀 嘉定府 峨眉縣 남쪽에 있는 산으로서 道敎에서 말하는 名山이다. 峨眉의 뜻은 나비의 눈썹이다.(李太白의 詩 <峨眉山月歌>에 보인다.) ; 중국 사천성에 있는 산 이름으로 보현보살의 靈場으로 알려져 있는데, 문수보살의 五臺山, 관세음보살의 補陀山과 함께, 중국의 세 聖山의 하나로 알려져 있다.(Baidu)

마땅히 金과 木의 경중의 쓰임을 보고 말해야 한다. 가령 丙 火일에 태어난 사람이 亥를 만나면 칠살로, 亥 중에 壬 水가 있으니 丙火가 壬 水를 보면 칠살이 된다. 丁 火가 子에 이르고 甲 木이 申에이르며, 辛 金이 午에 이르고 壬 水가 巳에 이르며, 戊 土가 寅에이르고 己 土가 卯에 이르며 庚 金이 巳에 이르는 이 모두는 칠살의 땅이니 주인에게 재앙이 있다. 또한 태어날 때 원래 칠살이있는데 운에서 다시 서로 만나면 거듭되게 되어 중하므로, 재물을 구함에 이롭지 못하고 주인에게 재앙이 있다. 태어난 歲月日時에 원래 칠살이 없다면 재앙이 가볍다.

故賦中引宣父畏以元辰者, 卽非前位元辰也. 是當生年月日時位元有七煞, 害生月生時者, 乃名元有元辰也, 卽爲災重矣. 虛中云: "當生元有則凶重, 無則凶輕." 所以宣父畏以元辰者, 是宣父命中元有煞害之辰也.

그러므로 부에서 선보(공자)가 원진을 두려워하였다고 인용한말은, 즉 앞자리의 원진을 가리키는 것이 아니다. 이것은 태어난 年月日時의 자리에 원래 칠살이 있어서 생월과 생시를 해치는 것으로, 곧 원래에 있는 원진을 이름 하니 즉 재앙이 중한 것이다. 이허중은 이르길, "태어날 때 원래(원국에) 있으면 흉이 무겁고, 없으면흉이 가볍다."고 하였다. 공자가 원진을 두려워하였다는 것은, 공자의 명중에 원래 해로운 자리의 煞이 있었기 때문인 것이다.

又戊見甲・己見乙爲七煞. 戊己人在十月生・正月生, 雖生
時居巳午, 或更有庚辛, 亦天壽, 爲土死不能生弱金, 金囚不
能勝旺木. 賦云 "建祿而天壽."32) 餘倣此.

또 戊 土가 甲 木을 보고 己 土가 乙 木을 봐도 칠살이 된다. 戊・
己 土人이 10월(亥)과 1월(寅)에 태어날 때, 비록 생시에 巳와 午가
있고 庚・辛 金이 있다 하더라도 수명이 짧으니, 死에 놓인 土는
약한 金을 생할 수 없고 囚한 金은 旺한 木을 이길 수 없기 때문
이다. 부에서 "건명을 만나도 요절한다."고 하였다. 나머지도 이
와 같다.

昔者峨眉先生精通三命, 每言貴賤, 少有全者; 鬼谷先生以
九命之術, 約以星宮爲賦. 此前賢自謙而言之, 與物難窮, 理
則同也.

옛날 아미 선생은 삼명에 정통하여 매번 귀천을 말하였으나
온전한 사람이 적었고, 귀곡 선생은 구명의 술법으로 별자리 궁
을 요약하여 부를 지었다. 이는 이전 현인들이 스스로 겸손하게
말한 것으로 만물을 궁리하기는 쉽지 않지만, 이치는 모두 같은
것이다.

---

32) 建祿而天壽: 『낙록자부주』 하권 10章에 보인다.

14. 臣出自蘭野, 幼慕眞風, 入肆無懸壺之妙,33) 遊衢無
化杖之神.34) 息一氣以凝神, 消五行而通道.

臣은 난야지방에서 나와 어려서부터 신선을 사모하였으나,
시장에 들어가도 호리병을 달아 놓은 영묘함이 없고, 거리를
노닐어도 지팡이로 변하는 신통함이 없었습니다. 이에 一氣를
불어 내어 정신을 응집시키고 오행을 들이마셔 道에 통달하였
습니다.

臣者, 太子自稱於君父前也. 生於內庭, 有芝蘭之野之稱.
眞風者, 自幼樂於五行之眞理者也. 昔有懸壺先生貨卜於市,
國君聞而召之, 先生拒命而不往. 君令執之, 先生預知, 以杖
化龍乘而去.

臣은 태자가 군부 앞에서 본인을 가리키는 말이다. 內庭(내정:
군주가 사는 궁궐의 안)에서 태어났다는 것은 芝蘭(지란: 芝草와
蘭草가 자라는 곳인 좋은 환경)에서 태어났다는 말이다. 진풍은
어려서부터 오행의 진리를 즐기는 것이다. 옛날 현호선생이 저잣

---

33) 懸壺之妙: 이는 『後漢書』 「費長房傳」에 나오는 이야기로, 신선인 비장방이 호리병 속을 자유
스럽게 드나들었다는 古事를 말한다.
34) 化杖之神: 이는 『후한서』 「비장방전」에 나오는 이야기로, 신선인 비장방이 지팡이로 변하기도
했다는 고사를 말한다.

거리에서 점을 치고 있었는데, 나라 임금이 듣고서 초대했으나 선생은 명을 거절하고 가지 않았다. 임금의 잡아오라는 명령을 미리 알고서 선생은 지팡이로 용을 만들어 타고서 떠나 버렸다.

息一氣者, 天元也. 五行者, 金木水火土也. 凝, 聚也, 消, 散也. 通道者, 符合也.

一氣를 불어내는 것은 천원이다. 오행은 金木水火土이다. 凝은 모이는 것이고, 消는 흩어짐이다. 通道는 틀림없이 서로 꼭 들어 맞는 것을 말한다.

陰陽不偏, 上下符合, 則能知造化而貴賤吉凶壽夭定矣. 猶然自謙, 無化杖乘龍之爲也.

음양이 치우치지 않고 상하가 꼭 들어맞으면, 대자연의 조화와 귀천과 길흉과 수요가 정해지는 것을 알 수 있다. 오히려 스스로 겸손하면, 지팡이를 변화시켜 용을 타는 일은 없다.

---

15. 乾坤立其牝牡, 金木定其剛柔. 晝夜互爲君臣, 青赤 時爲父子.

> 建과 坤은 그 牝牡(암컷과 수컷)를 세우고, 金과 木은 그 강유
> 를 정한다. 주야는 서로 번갈아 가며 군주와 신하가 되고, 靑과
> 赤은 때때로 아비와 자식이 된다.

"乾, 陽物也; 坤, 陰物也."[35] 凡看命, 見五行陰陽匹配, 上
下相合不偏者, 爲貴命也. 若偏陽偏陰者, 則五行有疾矣.

"건은 양물이고 곤은 음물이다." 무릇 명을 볼 때, 오행 음양이
서로 짝하고 상하가 서로 합하여 치우치지 않으면 귀명이다. 만
일 양으로 치우치고 음으로 치우치면 오행에 병이 있는 것이다.

金木定其剛柔者, 且如木用金爲官印, 其金秋生, 或帶壬癸
水而尅木, 卽剛也, 謂金旺時水木無火, 則金剛矣. 若金生於
春夏, 木帶天元, 人元有火, 則木剛金柔也.

金·木으로 그 강유를 정한다는 것은, 木은 金으로 관인을 삼는
데 그 金이 가을에 생하거나 혹은 壬과 癸의 水가 있어 木을 극하
면 강한 것이며, 金이 旺하할 때 水와 木에 火가 없는 것을 金이
剛하다고 한다. 만약 金이 봄여름에 생하여 木의 천원과 인원에
火가 있다면, 木이 강하고 金은 유약하다.

---

35) 乾, 陽物也; 坤, 陰物也:『주역』「계사하전」6章에 보인다.

晝陽而夜陰, 陽爲君, 陰爲臣. 日月相催, 晝夜相代, 則互
爲君臣也.

낮은 양이고 밤은 음이며 양은 임금이 되고 음은 신하가 된다.
일월이 서로 재촉하고 주야로 서로 번갈아 군신이 된다.

靑赤時爲父子者, 丁壬合生甲己, 壬生甲, 壬乃甲之母, 丁
乃甲之父; 丁生己, 己以壬爲父, 丁乃己之母. 甲己再合, 己
生辛, 甲生丙; 丙辛再合, 丙生戊, 辛生癸; 戊癸再合, 戊生
庚, 癸生乙; 乙庚再合, 乙生丁, 庚生壬; 丁壬再合, 復生甲
己, 周而復始.

靑赤이 때로 父子가 된다는 것은, 丁·壬 합이 甲·己를 생하고
壬이 甲을 생하니 壬은 甲의 어미가 되고 丁은 甲의 아비가 되며,
丁이 己를 생하니 己는 壬으로써 아비가 되고 丁은 己의 어미가
된다. 甲·己는 다시 합하여 己는 辛을 생하고 甲은 丙을 생한다.
丙·辛은 다시 합하여 丙은 戊를 생하고 辛은 癸를 생한다. 戊·癸
는 다시 합하여 戊는 庚을 생하고 癸는 乙을 생한다. 乙·庚은 다
시 합하여 乙은 丁을 생하고 庚은 壬을 생한다. 丁·壬은 다시 합
하고 또 반복해서 甲·己를 생하니 두루 돌아서 다시 시작한다.

人只知木生火, 火生土, 土生金, 金生水, 水生木, 卽不知
陰生陰, 陽生陽, 陽産陰爲父, 陰産陽爲母. 丁乃甲之父, 壬
是甲之母, 故云 "青赤時爲父子".

사람은 다만 木生火하고 火生土하고 土生金하고 金生水하며 水
生木하는 것만 알 뿐, 음이 음을 생하고 양이 양을 생하며 양이
음을 낳아 아비가 되고 음은 양을 낳아 어미가 된다는 것을 알지
못한다. 丁은 甲의 아비고 壬은 甲의 어미이니 그래서 "청과 적은
때때로 아비와 자식이 된다."고 한 것이다.

---

16. 不可一途而取軌, 不可一理而推之. 時有冬逢炎熱,
    夏草遭霜, 類恐陰鼠棲氷, 神龜宿火.

한 가지 방법만으로는 원칙을 삼을 수 없고, 한 가지 이치만
으로 추단할 수 없다. 때때로 겨울에 더위를 만나기도 하고 여
름의 풀이 차가운 서리를 만나기도 하니, 음에서 사는 쥐가 얼
음에 사는 것과 신령스러운 거북이 불에서 자는 부류와 아마
도 비슷할 것이다.

假令庚辛人冬至後逢丙丁者, 則爲官印, 謂一陽生也. 金逢

火之生氣, 是冬逢炎熱也. 夏草遭霜者, 言丙丁人夏至後逢壬
癸而得用也. 謂一陰生, 是火逢官之生氣, 故曰 "夏草遭霜".

　가령 庚·辛 金人이 동지 후에 丙·丁 火를 만나 관인이 되는
것은 一陽이 생하기 때문이다. 金이 火의 생기를 만나게 되니, 겨
울에 뜨거운 열을 만나는 것이다. 여름풀이 차가운 서리를 만난
다는 것은, 丙·丁 火人이 하지 후에 壬·癸 水를 만나 쓰임을 얻
는 것을 말한다. 이는 一陰이 생하기 때문이니 이것은 火가 官의
생기를 만난 것이므로 "여름의 풀이 차가운 서리를 만났다"고 한
것이다.

　又丙丁人冬至後生, 雖遇七煞之鄉, 亦作官印之用, 偏陰偏
陽, 則有官而不清也. 又庚辛人夏至, 雖遇巳午未·寅戌, 亦
可作官印用, 亦苦不清, 夏至後陰氣深, 則爲妙矣. 若夏至氣
淺, 官雖發早, 而不益壽. 更詳元辰幷運言之.

　또 丙·丁 火人이 동지 후에 생하면 비록 칠살의 향을 만났더
라도 역시 관인으로 작용하지만, 음양이 한 쪽으로 치우치게 되
면 관이 있기는 하지만 淸하지는 못하다. 또 庚·辛 金人이 하지
에 생하면 비록 巳·午·未·寅·戌을 만나도 역시 관인으로 쓸
수 있기는 하지만 또한 청하지 못하여 힘이 들어도, 하지가 지나

면 음기가 깊어지면서 묘하게 된다. 만약 하지의 기가 얕으면 관이 비록 일찍 발달하더라도 오래 살지는 못한다. 다시 원진을 상세히 살펴 運과 아울러 말해야 한다.

陰鼠棲氷, 如癸祿在子爲地元; 神龜宿火, 如戊祿在巳爲人元也. 丙以癸爲官印; 戊與癸爲匹配, 子與支德六合, 癸以戊爲官印. 須識陰陽造化, 尊卑逆順, 戊以癸爲財, 丙以癸爲官印, 此與水火旣濟之道. 如冬逢炎熱, 夏草遭霜, 在學人深求之也.

음에서 사는 쥐가 얼음에 산다는 것은 마치 癸 水의 록이 子에 있어 지원이 되는 것과 같고, 신령스러운 거북이 불에서 잔다는 것은 마치 戊 土의 록인 巳가 인원이 되는 것과 같다. 丙 火는 癸 水로써 관인을 삼고 戊 土는 癸 水와 서로 짝을 이루고, 子는 지덕과 육합 하여 癸 水는 戊 土로써 관인을 삼는다. 마땅히 음양의 조화와 尊卑의 역순을 명확하게 알아야 한다. 戊 土는 癸 水로써 財를 삼고 丙 火는 癸 水로써 관인을 삼으니, 이는 수화기제의 道로서 겨울에 뜨거운 폭염을 만나고 여름의 풀이 찬 서리를 만나는 것과 같은 것이니 학인들이 깊이 연구하여야 한다.

17. 是以陰陽罕測,36) 志物難窮. 大抵三冬暑少, 九夏陽
多. 禍福有若禎祥, 術士希其八九.

그래서 음양은 추측하기 어렵고 志物은 궁리하기 어렵다. 대
체로 한겨울에는 더위가 적고 90일 동안의 여름에는 따뜻함이
많다. 禍福에는 이러한 상서로운 징조가 있으니, 術士는 그 십
중의 팔구를 맞추기를 희망한다.

禎祥者爲應, 前賢比其五行吉凶應驗矣. 如天子親耕曰禎
祥, 務天下民勤於耕種. 田中種穀, 則生穀苗, 時至七八月,
則穀熟而爲祥. 元種豆苗, 時至七八月, 豆熟而成祥. 其五穀
下種, 各有時也, 則收成也, 地內曾種則望收. 更有良田萬
頃,37) 不曾耕種, 則遇大熟之歲, 而亦無可收, 不得禎祥也.

경사스럽고 복스러운 징조는 응험하여 맞으니, 앞선 선현들은
그 오행 길흉과 응험함을 견주어 보았다. 이를테면 천자가 직접
경작하는 것을 정상이라 하여, 천하 백성들이 부지런히 논밭을
갈고 씨를 뿌리는 것을 권장하였다. 밭에 종자를 심어야 싹이 돋
아나고, 7~8월에 이르러 곡식이 익어야 복이 된다. 처음 콩을 심

---

36) 陰陽罕測: 『낙록자삼명소식부주』 신문풍 본에는 "陰陽反測"으로 되어 있다.
37) 頃: 밭 넓이의 단위로서 밭 백 이랑을 말한다. (6척 사방을 步, 100步를 畝, 100畝를 頃이라 함.)

고서 7~8월에 되어야 콩이 익고, 그리고서야 복이 이루어지는
것이다. 오곡을 파종하는 것이 각각 때에 맞아야 또 수확을 할
수 있고, 땅에 씨앗을 뿌려야 거둘 것이 있다. 또 좋은 밭이 백
이랑이나 많이 있어도 논밭을 갈고 씨앗을 뿌리지 않으면, 풍년
의 해를 만나도 거두어들일 것이 없으니 정상을 얻어 가질 수 없
는 것이다.

此論人命八字內外元無官印, 則運臨官印之地, 亦不發官
印, 爲年月日時中元無貴焉. 論財亦論元有無也.

이는 人命의 八字 내외의 원국에 관인이 없으면 運이 관인의 땅
에 임하여도 역시 관인이 발달하지 못하는 것으로, 年月日時 중에
원래 貴氣가 없는 것을 말한 것이다. 財를 논함에 있어서도 또한
원국에의 유무를 가지고 논한다.

18. 或若生逢休敗之地, 早歲孤窮; 老遇建旺之鄕, 臨年
偃蹇. 若乃初凶後吉, 似源濁而流淸; 始吉終凶, 狀
根甜而裔苦.

혹 태어날 때 휴패 지를 만나면 일찍 고아가 되어 궁핍하고, 늘어 건왕 향을 만나도 노년이 곤란하다. 가령 초년이 흉하고 말년에 길한 경우는 마치 강물의 근원은 탁하지만 흘러가면서 맑아지는 것과 같고, 시작은 길하나 종국에 가서 흉한 것은 마치 뿌리는 달지만 이파리가 쓴 것과 같다.

假令庚辛人秋七八月生者是也. 金以木爲財, 木絶; 以火爲官印, 火死. 早歲孤窮, 謂生日爲父母 絶, 則爲無祖財, 亦無官印, 則早歷艱難也. 准此, 若或運臨祿馬貴官之鄕, 亦多偃蹇, 而不成福.

가령 庚·辛 金人으로 가을인 7월(申)·8월(酉)에 태어나는 경우가 이것이다. 金은 木으로 財를 삼는데 (가을은)木의 絶地이고, 火로서 관인을 삼는데 火는 死地가 된다. 이른 나이에 외롭고 가난하며 궁한 까닭은, 생일은 부모가 되므로 (재관이)絶이기 때문이니, 조상 재물이 없고 또한 관인이 없으면 일찍부터 괴롭고 고생스러움을 겪는 것이다. 나머지도 이와 같다. 만약 혹 운이 록마와 귀한 官의 향에 임할지라도, 역시 많은 장애가 있고 복도 이룰 수 없다.

初凶者, 生月凶逢於休敗也; 後吉者, 生時得地也. 居財旺幷官印旺地, 運行向所臨之位, 却爲有慶, 止爲初年之滯, 中

年晚年有福也. 故曰 "源濁", 伏吟是也. 若生月爲鬼尅身, 若
生時有救, 是源濁之類, 五行活法則度. 如遇五行交錯, 但消
息勝負而言之.

시작이 흉하다는 것은 생월에 흉한 휴패를 만난 것이고, 나중
에 길하다는 것은 생시에서 득지한 것이다. 財가 旺하고 아울러
관인이 旺地에 있고 운행이 임지(록지)로 향하면 오히려 경사가
있으니, 초년의 침체가 멈추고 중년과 말년에는 복이 있다. 그러
므로 "源濁(원탁: 근원이 탁함)"이라 하고, 伏吟(복음: 엎드려 울
다)이 이것이다. 만약 생월이 鬼가 되어 身을 극하는데 생시에서
구원하는 것이 있으면 이것이 원탁의 종류로, 오행 활법으로 보
면 헤아려 볼 수 있다. 만약 오행이 서로 엇걸리고 얼크러짐을
만나게 되면, 오로지 勝負(승부: 이기고 짐)를 가리는 소식으로
말해야 한다.

人命有祖財而生者, 少年當貴, 故云 "始吉". 如生時不得
地, 或祖敗官, 或身灾疾, 更背於吉地, 則爲凶也. 至於晚年,
祖財破盡, 終身困苦. 雖有富貴之家, 生時失地, 更不得運, 故
曰 "終凶". 裔者, 苗也, 如苦物而不堪也, 此先富以後貧也.

人命에 조상 재물이 있게 태어나면 젊은 나이에 당연히 귀하기

때문에 "시작이 길하다"고 한다. 그러나 생시에 득지하지 못하거나 혹은 조상이 官에서 패하거나 또는 몸에 질병의 재앙이 있으며, 게다가 다시 吉地와 등을 지게 되면 흉하다. 이런 사람은 만년에 이르러 조상의 재물이 다 파하고 끝까지 곤고하게 된다. 비록 부귀한 가문에 있더라도 생시에서 失地하고 게다가 운을 얻지 못하니 "끝이 흉하다"고 하는 것이다. 裔(예: 후손)는 싹으로, 마치 괴롭고 힘든 일을 감당하지 못하는 것과 같으니, 이는 처음에는 부유하나 나중에는 가난하게 되는 것이다.

---

19. 觀乎萌兆, 察以其元. 根在苗先, 實從花後.

싹이 움트는 조짐을 자세히 살피고 그 근원을 잘 관찰해야 한다. 뿌리는 싹보다 먼저 있고 열매는 꽃이 핀 뒤에 열린다.

欲知運內吉凶, 先看根元勝負. 根元有貴, 則運臨貴地而發貴; 根元有財, 運臨財地而發財; 根元有災, 則運臨災而有災也. 貴賤吉凶自有根苗, 則無不結實而應驗也.

運 안에서 길흉을 알려 하거든, 먼저 根元의 승부를 살펴야 한다. 근원에 貴가 있으면 운이 貴地에 미치면 貴가 드러나고, 근원에 財가 있으면 운이 재지에 임하여 재가 드러나며, 근원에 재앙

이 있으면 재앙의 운에 임할 때 재앙이 있다. 귀천과 길흉에 각
자 뿌리와 싹이 있으니, 결실 없이 응험한 것은 없다.

---

20. 胎生元命, 三獸定其門宗; 律呂宮商, 五虎論其成敗.

胎生 元命은 三獸가 그 門宗을 정하고, 律呂 宮商은 五虎로 그
成敗를 논한다.

胎生元命者, 乃人之年月日時所得天元 · 人元 · 支元也. 三
獸者, 寅午戌之類是也. 門宗者, 一類也, 如寅午戌火之類.

태생원명이란 사람이 年月日時에서 얻은 천원과 인원과 지원이
다. 三獸(삼수: 세 가지 짐승)란 寅(호랑이) · 午(말) · 戌(개) 등의
종류가 이것이다. 문종은 한 가지 종류로서, 寅 · 午 · 戌이 火인
것과 같은 종류이다.

五虎者, 支也, 持大運逆順 · 生日向背數而行之. 假令甲寅
生午逢庚戌也, 亦曰鬼, 庚戌見丙午之類. 賦曰五虎者, 以寅
爲首也, 此乃五陽相尅也. "論其成敗"者, 有救而身旺則成,
無救而身衰則敗也. 好事者宜精詳之.

五虎는 지지이니, 대운의 역순을 가지고 생일 향배를 셈하여 행한다. 가령 甲寅 생이 午에서 庚戌을 만나면 또한 鬼라 하고, 庚戌이 丙午를 보는 등의 종류이다. 賦에서 말한 오호는 寅으로 시작하는데 이는 五陽이 서로 극하는 것이다. "論其成敗"(논기성패: 성패를 논한다)는, 구함이 있어서 身이 旺하면 成이고, 구함이 없어서 身이 衰하면 敗이다. 마땅하고 좋은 일이니 정밀하고 자세하게 해야 한다.[38]

---

21. 無合有合, 後學難知; 得一分三, 前賢不載.

합이 없는데 합이 있는 것을 후학들은 알기 어렵고, 하나를 얻었는데 셋으로 나뉘는 것을 선현들은 책에 싣지 않았다.

無合者, 年月日時中取財而無財, 取貴而不貴, 取合而不合. 兼之以 "根在苗先, 實從花後", 此乃八字內有根而方發苗. 又云禍福者, 然八字內外無合, 而有合在別位之內, 內外五行刑 · 衝 · 尅 · 破於別位之祿, 停住不得, 至令飛走.

無合이라는 것은 年月日時 중에서 財를 취했지만 재가 없고, 貴를 취하려 하나 귀가 없으며, 합을 취하려 하나 합을 못하는 것이

---

38) 석담영이 지은『낙록자부주』는 이 부분까지(20장)가 上卷이고, 21장부터 下卷으로 구성되었다.

다. 뿌리는 싹보다 먼저 있고 열매는 꽃이 진 뒤에 따라 생긴다
는 것으로 겸하여 보면, 이는 八字 안에 뿌리가 있어야만 비로소
싹이 발한다는 것이다. 또 禍福을 말하자면 八字 내외에 합이 없
고 다른 위치 안에 합이 있어, 내외에 있는 오행이 정지하여 머
무르면 얻지 못하므로 다른 자리의 록을 형하고 충하고 극하고
파하여서 날아오르게 하는 것이다.

三合就於本命生日相合, 或寅刑巳內丙戊, 巳酉丑三合就走
馬. 假令甲子年丙寅月癸丑日辛酉時, 若論官則背祿而不貧,
以八字內外三元無戊, 兼正月土死, 其背祿明矣. 却被寅刑巳,
丑破巳, 甲子遙尅於巳, 而巳內有丙, 戊被刑破, 破而飛走,
出巳, 三合就馬, 巳酉丑月三合. 丙就辛酉, 戊就癸丑而合癸,
癸以戊爲官印, 此乃無合有合也. 故後學難知, 誠也, 信也.

삼합은 본명 생일이 서로 합하는 것인데, 혹 寅이 巳 안의 丙
火와 戊 土를 형하면 巳·酉·丑이 삼합하여 달리기도 한다. 가령
甲子 년에 丙寅 월에 癸丑 일에 辛酉 시일 때, 官을 논하자면 록을
등졌으나 가난하지 않고, 八字 내외의 삼원에 戊(官) 土가 없으며
또 1월(寅)은 土가 死하므로 이는 록을 등진 것이 분명하다. 오히
려 寅이 巳를 형하고 丑이 巳를 파하고 甲子가 멀리서 巳를 극하
지만, 巳안에 丙 火와 戊 土가 있어 형과 파를 당하여 깨져서 날아

올라 巳가 나가므로, 삼합은 바로 馬가 되고 巳·酉·丑은 월의
삼합이 된다. 丙 火는 辛酉를 따르고 戊 土는 癸丑을 따라와서 癸
水와 합하는데 癸 水는 戊 土로써 관인을 삼으니, 이것이 곧 합이
없는데 합이 있는 것이다. 때문에 후학들이 알기 어렵다는 것은
진실이고 참말이다.

古人歌曰: "虎生奔巳猪猴定, 羊擊猪蛇自然榮." 「無合有
合歌」: "飛祿飛來就馬駢,39) 資財官職兩相宜. 王中更得本家
助, 上格榮華富貴奇." 又歌: "志節二八廉貞女, 四面猪猴獰
似虎. 先看天元乘地馬, 後邊集路教侵取."

옛사람의 노래에 "범(寅)이 달아나는 뱀(巳)을 생하면 돼지(亥)
와 원숭이(申)가 안정되고, 양(未)이 돼지(亥)와 뱀(巳)을 격파시키
면 자연히 영화롭다."고 하였다. 「무합유합가」에서는 "날아 다니
는 록이 날아와 馬가 나란히 달리니, 資財와 관직이 모두 마땅하
다. 왕성하면서 다시 본가의 도움을 얻으니 상격의 영화로서 부
귀가 특출 나다."고 하였다. 또 노래에 "절개 있는 2월(卯)과 8월
(酉)의 아름다운 여인에게, 사면의 돼지(亥)와 원숭이(申)가 호랑
이(寅)처럼 사납다. 먼저 천원이 地馬(財星)를 탔는지 보고, 그 뒤
편 길이 만나는 곳에서 침범하여 취하게 하라."고 하였다.

---

39) 就馬駢: 『낙록자삼명소식부주』 신문풍 본에는 "就馬騎"로 되어 있다.

得一者, 旣見有寅刑巳, 丑破巳, 而丙戊被刑破而出, 則便
分三而行. 旣得巳位爲用, 便是三合巳酉丑也. 須有酉丑上有
癸辛字, 則爲有合之命. 雖刑而祿出, 無合則不佳也.

하나를 얻는다고 함은, 이미 寅이 巳를 형하고 丑이 巳를 파한
것을 보았고 丙 火와 戊 土가 형파 당하여 나온 것으로, 바로 셋
으로 나뉘어 (巳를 얻음을)행한 것이다. 이미 巳의 자리를 얻어
썼으니 바로 巳·酉·丑 삼합이 된 것이다. 반드시 酉와 丑 위에
癸 水와 辛 金의 글자가 있어야지 합이 있는 명이 된다. 비록 형
해서 록이 나왔으나 합이 되지 않으면 아름답지 않다.

前賢者, 爲賦以前賢人也. 立此一訣之門. 後作賦者, 又指
說得一合三合, 見頭緖, 而作三合取吉凶也.

전현은 이 賦를 만들기 이전의 현인으로 이 一訣의 문을 세웠
다. 뒤에 이 부(낙록자부)를 지은 사람은 또 일합과 삼합에 대해
설명했는데, 두서(실마리)를 보면 삼합을 만들어 길흉을 취한다
는 것이다.

> 22. 年雖逢於冠帶, 尚有餘灾; 運初至於衰鄉, 猶披卦福.

此言冠帶, 大運也. 假令庚辛日人初年無祖財, 又自戌酉逆行, 皆歷無財敗祿之運. 喜逢未運, 是財旺之地, 只可言方入祿運漸向泰也, 只言從此運後所求遂意, 後五年方有三五分福也.

여기서 관대는 대운을 말한다. 가령 庚·辛 金일 사람이 초년에 조상의 재물이 없고 또 戌에서 酉로 역행하면 재물과 록이 없는 운을 모두 지난 것이다. 기쁘게도 未 운을 만나 재가 왕한 땅이지만, 단지 막 록 운에 들어섰으니 점점 크게 나아지고 있다고 말 할 수 있을 뿐이고, 단지 지금의 운을 쫓은 뒤에나 원하는 뜻을 이룰 수 있으며, 5년 후에나 비로소 三五分 정도의 복이 있음을 말할 수 있는 것이다.

運氣淺深而言之, 淺則福淺, 深則福厚也. 庚辛見未爲冠帶, 緣運自西方而來, 久閑於財祿, 故有尚有餘殃也.

운기의 천심으로 말하자면 淺은 복이 얕은 것이고, 深은 복이 두터운 것이다. 庚・辛 金이 未를 보면 관대가 되지만, 서방에서 온 운으로 재의 록이 오랫동안 한가했기 때문에 아직도 남은 재앙이 있다는 것이다.

言先歷貴旺之鄕, 或建財之地, 已成大器, 而方交入敗宮失財之地, 未可作大敗之運言之, 只可言自入此運, 不甚遂意. 謂前運久歷貴强之地, 根基極厚, 雖臨敗運, 未至大損. 故初運入衰鄕, 猶披尠福也.

먼저 貴가 왕성하였거나 혹 재물을 이룬 곳을 지나 왔다면 이미 大器를 이룬 것이니, 비록 敗宮과 재물을 잃는 운에 막 들어왔어도 아직 크게 패하는 운이라 이야기할 수 없고, 단지 이 運에 들어와서부터는 그다지 뜻을 이룰 수 없다고 말한다. 이전 운에서 오랫동안 貴가 강한 곳을 거치며 근기가 매우 두터워졌으니 비록 敗運에 임하여도 큰 손해에 이르지 않음을 말함이다. 그러므로 운이 쇠향에 들어온 초에는 여전히 적은 福을 입는다고 하는 것이다.

23. 大段天元贏弱, 宮吉不及以爲榮; 中下興隆, 卦凶不能成其咎.

> 대체로 천원이 허약하면 궁이 길하여도 영화롭기에는 부족하
> 고, 중하가 융성하면 卦象이 흉하여도 그 허물이 되지 않는다.

天元者, 干也. 雖臨祿馬之地, 若天元被傷而本炁羸弱, 則
亦不能爲榮. 假令壬午人四月生, 更別位戊己相尅, 貴而不貴
也, 可作虛名及無祿言之.

천원은 천간이다. 비록 록마에 임하더라도 천원이 상처를 당하
면 원래의 기운이 약해지니 역시 영화로울 수 없다. 가령 壬午 人
이 4월(巳)에 생하고 다시 다른 위치의 戊와 己 土가 극하면, 귀하
지만 귀하지 않은 것이고 허명일 뿐 록이 없다고 말할 수 있다.

然壬午宮吉, 而天元無氣, 更加重重戊己來尅, 故名不貴矣.
又云 "不及"者, 上下五行休旺不相負也. 又如庚辛日人正月
生, 更別位有重重火相尅於金, 其金見寅卯甲乙而亦無祖財,
一生煎熬, 遇財鄕反成禍而身災也. 金春生尅木爲財, 而木中
旺火必害其金而成災. 此亦是天元羸弱, 而宮內有財不得而
發矣. 其餘五行, 倣此言之.

그런데 壬午 궁은 길하여도 천원이 무기하고 더하여 겹겹이 戊
와 己 土가 와서 극하면 이름이 귀하지 못한 것이다. 또 "不及(불

급: 미치지 못함)"이란 상하 오행의 휴하고 왕함이 서로 의지하지 못하는 것이다. 또 庚·辛 일의 金人이 正月에 태어나고 다시 다른 위치에서 거듭된 火가 金과 상극하면, 그 金이 寅·卯와 甲·乙의 木을 보더라도 조상의 재물이 없고 일생을 근심하고 애태우다가, 재향을 만나면 오히려 불행이 되고 몸에 재앙이 된다. 金이 봄에 태어나면 木을 극하여 재가 되지만, 木 안에 있는 왕성한 火가 반드시 그 金을 해롭게 하여 재앙을 만든다. 이것도 또한 천원이 허약하면 궁 안에 재물이 있으나 얻어 발전하지 못하는 것이다. 그 나머지의 오행도 이에 준하여 말한다.

中者, 人元也; 下者, 支元也. 假令十月壬建其祿, 亥內水之旺鄉, 此乃中下興隆也. 若丁亥日人十月生, 乃火絶於亥, 其丁生絶地, 乃爲丁卦之凶也, 不能成其咎者, 謂丁以壬爲官印, 而中下祿馬建旺而成慶, 雖火臨絶地, 尚爲中下之貴. 『成鑑』曰 "祿雖絶而建貴"是也. 陶朱[40]云: "絶祿亡財, 不爲凶兆也." 丙人十一月生·壬癸人十二月生, 幷辰戌丑未, 金人正月生·木人七八月生·土人亥卯未月生, 皆臨貴旺之地, 謂消息也.

---

40) 陶朱: 陶朱는 越나라의 大臣으로 춘추 말기의 저명한 정치가 策士이면서 실업가인데 후인들이 '商聖'이라 부른다. 천민출신이지만 博學多才하였다. 또는 법려의 老年을 칭하기도 하고, 富者를 칭하기도 한다.(Baidu)

中은 인원이고, 下는 지원이다. 가령 10월생(亥)이라면 壬 水가 건록이니 亥가 水의 왕향이므로 이는 중(인원)과 하(지원) 모두가 흥왕한 것이다. 가령 丁亥 일 사람이 10월에 태어났으면 火는 亥에서 絶이고 丁 火는 절지에서 태어난 것이니 丁 괘의 흉이 되지만 그 재앙이 성립되지 않음은, 丁 火가 壬 水를 관인으로 삼으며 중과 하의 록마가 건왕해져서 경사를 이루니 비록 火가 절지에 임하였지만 오히려 중과 하의 귀함이 된다는 것이다. 『성감』에 이르길, "록이 비록 절하였어도 건록하면 귀하다."고 하는 것이 이것이다. 陶朱는 "록이 絶하고 재물이 달아나더라도 흉한 조짐이 되지 않는다."고 하였다. 丙 火人이 11월에 생하거나, 壬과 癸 水人이 12월에 생하면서 辰·戌·丑·未를 아우르고 있고, 金人이 1월에 생하거나, 木人이 7.8월에 생하거나, 土人이 亥·卯·未 월에 생하면 모두 귀가 왕성한 곳에 임하는 소식을 말한다.

---

24. 若遇尊凶卑吉, 救療無功 ; 尊吉卑凶, 逢灾自愈. 祿
    有三會, 灾有五期.

만약 존이 흉하고 비가 길하면 치료해도 공로가 없고, 존이 길하고 비가 흉하면 재앙을 만나도 저절로 낫는다. 록에는 삼회가 있고, 재앙에는 오기가 있다.

尊者, 年月日時內外三元有最得力者是也. 賦云 "崇爲寶
也41)". 尊也. 假令六甲生人以庚及申爲之七煞, 若大運則庚
及申爲祿絶之鄕, 致身灾也, 所爲不能遂心. 又如甲乙以庚辛
爲官, 大運至巳午, 又見寅午戌是也, 神得氣定, 甲乙失官也.

尊은 年月日時 내외의 삼원 중에서 제일 힘이 센 것이 이것이
다. 賦에서 말하는 "崇爲寶也(숭위보야: 높으면 귀하다)"란, 尊을
이른다. 가령 六甲 일에 태어난 사람은 庚 金과 申이 칠살이 되니,
만약 대운에서 庚 金과 申을 만나면 록의 絶鄕이 되어 몸은 재앙
에 이르고 마음먹은 대로 이룰 수 없다. 또 甲과 乙 木은 庚과 辛
金이 官인데 대운이 巳·午에 이르거나 또 寅·午·戌 등을 만나
는 것이 이러한 경우이니, 神(강한 五行 火)이 기운을 얻으면 정해
진 대로 甲과 乙 木이 官을 잃는다.

若甲乙人秋生, 甲以辛爲官, 乙以庚爲官, 或二木用申爲官.
此乃鬼旺之鄕, 甲木全藉乙木或亥卯未爲救. 若遇行年太歲
尅木, 或火運有害乙木之官, 使甲被尅凶也. 元本甲藉賴乙配
於庚, 次用庚爲偏官, 若乙被害, 則甲亦凶也. 所謂緊用之者,
不可受害也. 乙旣被害, 則甲天元醫療無功也, 五行爲主者病
重, 而不能救也.

---

41) 崇爲寶也:『낙록자부주』 상권 7장에 나온다.

만약 甲·乙 木人이 가을 생이면 甲 木은 辛 金을 官으로 삼고 乙 木은 庚 金을 官으로 삼거나 혹 甲과 乙 木이 모두 申을 官으로 쓴다. 이는 (가을은)鬼가 왕성한 곳이니 甲 木은 전적으로 乙 木이나 亥·卯·未에 의지하여 구원자로 삼는다. 만약 행년 태세에서 木을 극하거나 火 운에서 乙 木의 官을 해치는 경우에는 甲이 극을 당하게 되니 흉하다. 본명의 甲은 乙에 힘입어 庚과 짝하며 차례로 庚을 편관으로 삼으므로, 만일 乙이 해를 입게 되면 甲 木 또한 흉하게 된다. 이른바 긴요하게 쓰이는 것(편관)은 해를 받으면 안 된다. 乙 木이 해를 당하게 되면 甲 木의 천원은 병을 고쳐도 소용이 없고, 오행의 주가 되는 것의 병이 무거우면 구제할 수 없다.

若年月日時內外三元雖有尅戰, 而但不損外尊者, 卽逢灾自愈也. 更切消息所損之神, 主何貴賤而言之, 害命則身灾, 害妻則妻灾, 害官則失官. 與行年不和, 則主上位不喜, 不宣干上位. 若衝擊行年歲君, 則主有不測官訟, 小人橫事不足, 或主身病. 故曰 "尊凶"也.

만약 年·月·日·時 내외의 삼원에서 비록 극전이 있더라도, 外尊(외존: 밖으로 나타난 제일 힘 있는 오행)을 손상하지 않는다면 재앙을 만나도 저절로 낫는다. 다시 손상 받은 신이 어떤 귀천을 주관하고 있는지 소식하여 말해 보자면, 명이 손상되면 몸에 재앙이 되고 처에게 해로움은 처의 재앙이 되고 官의 해로움은 官을 잃게 된다. 행년과 불화하면 주로 상위에서 좋아하지 않으므로, 천간에 있으면 마땅치 않다. 만약 행년이 세군을 충격하면 주인에게 예기치 않은 官의 소송이 있거나, 소인으로 인한 불상사가 있거나 혹 주인의 몸에 병이 온다. 그래서 "존흉"이라 말한다.

假令甲乙以巳酉丑・申子辰爲祿. 甲以巳酉丑爲祿, 卽三會也, 乙爲五期之災. 乙以申子辰三會爲有祿之命, 大運行於官鄕, 更行年太歲是三會之年, 與本命位主本相生, 會於祿馬, 則此年定遷官進祿也. 若太歲本命八字及大運內外不合, 更大運在鬼旺之鄕, 五期之歲, 定作災矣. 更精所生向背言之.

가령 甲과 乙 木은 巳・酉・丑과 申・子・辰으로 祿이 된다. 甲木은 巳・酉・丑으로 祿을 삼으니 곧 삼회가 되지만, 乙木에게는 (巳・酉・丑)이 오기의 재앙이 된다. 乙木은 申・子・辰을 삼회로 록의 명으로 삼으니 대운이 관향으로 향하고 다시 행년 태세가 삼회의 해가 되면서 본명 자리의 주본과 상생하고 祿馬를 만나면, 이 해는 관직에 오르고 승진하며 자리를 옮기는 것이 정해져 있다. 만약 태세가 본명의 八字와 대운의 내외와 불합하고, 또 대운이 鬼가 왕성한 곳에 있으면 오기의 해가 되므로 틀림없이 재앙이 만들어진다. 다시 향배가 일어나는 바를 자세하게 살펴서 말해야 한다.

---

25. 凶多吉少, 類大過之初爻; 福淺禍深, 喩同人之九五.

凶이 많고 吉이 적음은 大過(澤風大過 ䷛)卦의 初六爻가 유사하고, 福이 얕고 禍가 깊음은 同人(天火同人 ䷌)卦의 九五爻가 비유된다.

此兩卦卦爻, 以此人命四柱之中三元內外元無貴氣者, 更運背祿馬, 則爲凶可知矣.

이 두 괘의 괘 효는 사람의 명인 사주 가운데 삼원 내외의 원국에 귀한 기운이 없는 것을 비유하였는데, 다시 또 祿馬를 등지는 운이 되면 흉하다는 것을 알 수 있다.

---

26. 聞喜不喜, 是六甲之虧盈; 當憂不憂, 賴五行之救助.

기쁜 일을 들어도 기쁘지 않은 것은 六甲의 盈虧 때문이고, 근심을 당해도 근심하지 않음은 五行의 救助 덕분이다.

如甲乙用庚辛爲官印, 乃爲喜也. 却正月・二月・五月・十一月生, 雖見金而無官印, 謂正月庚絶, 二月受氣, 五月金囚, 十月金病, 十一月金死. 故曰 "聞喜不喜".

가령 甲과 乙 木은 庚과 辛 金을 용하여 官印으로 삼으니 기쁨이 된다. 그러나 1월과 2월과 5월과 11월에 태어나면 비록 金이 보인다고 해도 官印이 없다고 하는 것은, 1월은 庚 金이 절이 되고 2월은 수기가 되며, 5월은 金이 囚에 해당되고 10월은 병지가 되며 11월은 사지에 해당되기 때문이다. 그러므로 "기쁜 일을 들어도 기쁘지 않은 것"이라고 하는 것이다.

當憂不憂者, 如甲人見庚, 或甲在七煞之地, 如年月日時中有乙, 或有卯字, 或甲春生, 或三位內有丙丁火多助, 爲不憂也. 乙爲合庚夫, 庚親, 甲爲妻之兄也. 若無乙有卯亦得. 若十月・十一月生, 雖有丙丁, 亦不能爲用, 謂火無氣不能尅金. 若無乙字卯字, 即用爲憂也. 其餘准此. 假令六甲生人以辛爲官, 三春九夏, 庚辛囚休, 雖見申酉之位幷庚辛, 而不成慶也謂金囚故也. 春生甲日則尅妻, 無財無妻, 一生少病. 三月生則爲財庫, 夏生則有父母財. 歲時有亥子, 則爲甲之生旺, 有辰戌丑未爲財帛, 有申酉之位則好學, 有始無終.

근심을 당해도 근심하지 않는 것은, 가령 甲 木人이 庚 金을 만나거나 혹은 甲 木이 七煞인 곳에 있는 경우, 또 가령 年月日時 中에 乙 木이 있거나 혹은 卯가 있거나 혹 봄에 태어난 甲 木인 경우, 혹은 삼위 안에 丙·丁 火의 도움이 많으면 걱정이 없게 된다. 乙 木이 庚 金과 합하여 庚 金이 지아비가 되어 甲 木과 친하게 된다는 것은 甲 木이 처형이 되기 때문이다. 만일 乙 木이 없고 卯가 있어도 역시 가능하다. 그러나 10월과 11월에 태어나면 비록 丙·丁 火가 있다 해도 또한 쓸 수 없다고 하는 것은, 火가 무기하여서 金을 극할 수 없기 때문이다. 그리고 만일 乙 木과 卯가 없으면 바로 걱정이 된다. 그 나머지도 이에 따른다. 가령 六甲 일에 태어난 사람은 辛 金으로써 官을 삼으므로, 三春(봄)과 九夏(여름)는 庚과 辛 金이 囚와 休에 있으니 비록 申·酉의 자리와 아울러 庚과 辛 金을 만나도 경사로움을 이룰 수 없다. 金이 囚에 있기 때문이다. 봄에 태어난 甲 木은 처를 극하기 때문에 재물도 없고 처도 없으나, 일생에 병은 적다. 3월에 태어나면 財庫가 되고 여름에 태어나면 부모의 재산이 있다. 세시에 亥·子가 있으면 甲 木이 생왕하고 辰·戌·丑·未가 있으면 재백이 되고, 申·酉의 자리가 있으면 학문을 좋아하지만 시작은 있으나 끝은 없게 된다.

更看運行逆順向背, 如向遇鬼尅, 則橫發官資, 運背則逢財擊運而不發, 逢金亦不發官, 謂金土元居休敗, 故不獲福. 假令乙生人以庚爲官印, 春夏生無官, 正四月尅庚最重. 乙以土

爲財, 春正二月, 土死無財. 三月爲乙之財庫, 有祖財. 然申
爲學堂, 亦有始無終, 皆謂金休敗.

다시 운의 역순과 향배를 살펴야 하니, 만약 鬼가 극하는 것을
향해서 만나면 뜻밖의 관직과 재물이 생기지만, 운을 등지고 財
가 공격을 당하는 운이면 발달하지 못하고 金을 만나더라도 역시
官으로 나타나지 못하는 것은 金과 土가 원국에서 휴패한 곳에
있기 때문이므로 그래서 복을 얻지 못하는 것이다. 가령 乙 木일
에 태어난 사람은 庚 金을 官印을 삼는데, 봄여름에 태어나면 官
이 없다고 함은, 1월과 4월은 庚 金을 극함이 가장 심하기 때문이
다. 乙 木은 土를 財를 삼는데, 봄인 1월과 2월은 土가 死에 있게
되므로 재물이 없다. 3월은 乙 木의 財庫가 되므로 조상의 재물이
있다. 그러나 申은 학당이 되지만 역시 시작은 있고 끝이 없는 것
은, 모두 金이 휴패에 있기 때문이다.

又如乙見庚爲官, 雖歲時位內有庚金, 或有申酉之金, 若見
天元有丙則亦無官. 此乃見庚而不用, 乃聞喜不喜之謂也. 乙
若四月生, 時居亥子或申子時水鄕, 則却有祿, 謂四月是金之
長生也. 乃乙遇官之長生, 兼有水鄕, 制其火而成慶, 亦不清.
如胡茂老丁卯年庚戌月戊寅日癸亥時, 九月二十八日生, 八
歲八箇月退運, 節氣極深. 起運將年月日時節氣向背, 乃上下

三元匹配, 有兩三奇, 八字俱無一字閑, 皆祿馬同鄉, 不三台而八座. 以運臨乙巳, 被當生癸亥衝擊, 大運幷刑提綱而罷權也. 賦云: "與生地之相逢, 宜退身而避位.[42]"

또 乙木은 庚金을 官으로 삼는데, 비록 세시 안에 庚金이나 申·酉金이 있더라도 천원에서 丙火를 만나면 역시 無官이 된다. 이는 바로 庚金을 만나도 쓰지 못하는 것이니, "기쁜 소식을 들어도 기쁘지 않다"는 말이다. 乙木이 만약 4월에 태어나고 亥와 子가 時에 있거나 申과 子時의 수향이면 오히려 祿이 있다고 하는 것은, 4월은 金의 장생지가 되기 때문이다. 단지 乙木이 官의 장생지를 만나고 겸하여 수향에 있으니 그 火를 제거해주므로 경사이기는 하지만, 청하지는 않다. 胡茂老는 丁卯 년 庚戌 월 戊寅 일 癸亥 시로 9월 28일에 태어났으니, 8歲 8箇月의 대운이 역행하고 절기가 매우 깊다. 운이 年月日時와 절기 향배로 보아 장차 곧 상하 삼원이 짝이 되며, 양쪽에 삼기가 있고 八字 모두 한 자도 쉬는 것 없이 모두 록마동향이니, (관직이)삼태가 아니면 팔좌가 된다. 세운이 乙巳에 임하게 되면서부터 태어난 시에 있는 癸亥가 충격을 당하고 대운도 아울러 제강을 형해서 관직을 그만두게 된다. 부에 "생지에서 만나게 되면, 몸을 물리고 자리를 피하는 것이 마땅하다"고 하였다.

---

42) 與生地之相逢, 宜退身而避位: 『낙록자부주』 하권 15장에 나온다.

> **27. 八孤臨於五墓, 戌未東行; 六虛下於空亡, 自乾南首.**
>
> 八孤가 五墓에 임하면 戌과 未는 동으로 움직이고, 六虛는 空亡의 아래에 있으며 乾으로부터 남방의 우두머리이다.

乾在戌亥之間, 假令甲子旬中, 戌·亥空亡也. 戌未東行者, 戌東行見丑, 未東行見辰. 如見生命內八字三元上下居於辰·戌·丑·未支內, 人元被破而支虛, 則一生孤立少骨肉, 或爲僧道遊走入舍之命. 其於福氣, 可詳所稟之氣, 察夫命向背言之爲妙.

乾은 戌과 亥의 사이에 있으며, 甲子 旬 中에서는 戌과 亥가 空亡이 된다. 戌·未가 東行이란, 戌이 東으로 行하면 丑을 보고 未가 東으로 行하면 辰을 보게 된다. 命에 있는 八字 내의 辰·戌·丑·未의 三元을 볼 때 人元이 破 당하고 지지가 虛하면, 一生이 孤立되고 骨肉이 적거나 혹 승려가 되어 떠돌아다니다 절로 들어가는 命이다. 그 福의 기운에서 품부 받은 기운을 자세하게 살필 수 있으니, 命의 向背를 살펴서 말하면 묘하다.

28. 天元一氣, 定侯伯之遷榮; 支作人元, 運商徒而得失.

天元 一氣로는 侯伯의 榮轉을 정하고, 支로 人元을 만들어 商徒의 득실을 운명 짓는다.

天元者, 十干也; 支者, 十二支也. 定侯伯之遷榮者, 將爲主天元配其人元, 而定其吉凶貴賤也.

천원이란 십간이고, 支란 십이지이다. 높은 귀족의 번영을 정한다는 것은, 장차 천원과 짝지어지는 인원이 주가 되어서 그 길흉과 귀천을 정한다는 것이다.

支作人元者, 令好事者八字內外五行作爲也. 運商徒而得失, 看見支下有財無財. 賦意令看命者先看其有官印高低, 有者次看財命如何, 有財則得財, 無財則失財. 如得大運, 卽將爲主天元, 循還而推之. 每交一運, 先看運下有何吉凶, 次看運命八字元有何吉凶. 元有官則發官, 元有財則發財, 有灾則發灾. 若當生年氣深, 則迎運前發其灾福, 中氣則主中停, 如氣淺, 則所居欲交前運, 而方發灾福, 更看逐年太歲如何. 賦云 "根在苗先, 實從花後",43) 宜消息言之.

地支가 인원을 만든다는 것은, 일이 잘 되도록 팔자 내외 오행을 만들어 주기 때문이다. 장사꾼 무리들의 득실 운은, 지지 밑에 財가 있고 없는가를 보는 것이다. 賦의 의미는 명을 볼 때 먼저 官印이 있으면 그 높고 낮음을 살피고 나서 있으면 다음에 財命이 어떤가를 살펴 財가 있으면 재물을 얻을 것이고 財가 없으면 재물을 잃는다고 하는 것이다. 당연히 대운에서 얻으면 장차 천원을 중심으로 하여 순환하면서 변화한다고 한다. 한 운이 바뀔 때마다 먼저 운에 어떤 길흉이 있는가를 살피고, 다음 운명 팔자 원국에 어떤 길흉이 있는가를 본다. 원국에 官이 있으면 관직이 드러나고 원국에 財가 있으면 재물이 일어나며 원국에 재앙이 있으면 재앙이 나타난다. 만약 태어난 해의 기운이 깊으면 운을 받기 전에 먼저 재앙이나 복이 발달할 것이고, 기가 중간 정도면 머물러 있을 것이며, 기가 얕으면 居한 곳이 앞 運과 만나고자 하여 바야흐로 재앙이나 福이 발달하니, 다시 따라오는 년인 태세가 어떤가를 살펴야 한다. 賦에서 "뿌리는 싹보다 먼저 있고 열매는 꽃이 핀 뒤에 열린다."고 한 것은 마땅히 消息으로 말해야 한다.

---

29. 但看財命有氣, 逢背祿而不貧; 若也財絶命衰, 縱建
    祿而不富.

---

43) 根在苗先, 實從花後: 『낙록자부주』 상권 19장에 보인다.

┌───┐
│ 단지 財와 命에 氣가 있으면 背祿을 만나도 빈궁하지 않고,   │
│ 만약 財가 絶하고 命이 衰하면 비록 建祿이라도 부유하지 않다. │
└───┘

如壬癸人生在三春, 或見寅午戌, 而八字內外或有甲乙二
字, 卽背祿矣. 壬癸以戊己爲官印, 被甲乙寅卯尅奪去官印,
卽無官也. 唯有水尅火爲財, 春生火旺, 故曰 "財命有氣"也.
十干背祿, 甲乙日生見丙丁, 丙丁見戊己, 戊己見庚辛, 庚辛
見壬癸, 壬癸見甲乙, 見之背祿無疑. 假令生日是甲, 歲月時
上有丙丁,44) 若居巳午, 皆背祿. 以辛爲官, 辛是丙之妻, 丁
之正財, 自然奪辛金. 甲祿旣背於丙丁, 却有戊己, 甲可取戊
己爲妻財而爲福矣. 賦云 "背祿而不貧45)"也. 更須精五行休
旺, 居支干方位幷休旺矣.

만약 壬·癸 水人이 봄의 석 달 동안에 태어났거나 혹 寅·午·
戌이 보이거나 팔자 내외에 혹 甲과 乙 木 두 글자가 있으면 背祿
(배록: 祿을 등졌다)이다. 壬과 癸 水가 官印으로 삼는 戊와 己 土
가 甲·乙·寅·卯에게 극을 당하여 官印을 빼앗겨 버리게 되니
官이 없게 되는 것이다. 水는 火를 극하여야 財가 되지만, 단지 봄
에 생하였더라도 火가 왕성하면 "재명이 유기하다"고 할 수 있

---

44) 歲月時上有丙丁: 四庫全書本에는 "歲月時上有丙下"로 되어 있다. 『낙록자삼명소식부주』 신문
   풍 본에 "歲月時上有丙丁"을 근거로 수정하여 번역한다.
45) 背祿而不貧: 『낙록자부주』 하권 9장에 나온다.

다. 십간의 배록이라 하는 것은 甲·乙 木일에 태어난 사람이 丙
과 丁 火를 보고, 丙·丁 火일에 태어난 사람이 戊와 己 土를 보고,
戊·己 土 일에 태어난 사람이 庚과 辛 金을 보고, 庚·辛 金일에
태어난 사람이 壬과 癸 水를 보고, 壬·癸 水일에 태어난 사람이
甲과 乙 木을 보는 것으로, 이렇게 되면 배록이 틀림없다. 가령
생일이 甲 木일 때 歲月時의 천간에 丙·丁 火가 있고 巳·午가 있
으면 모두 배록이 된다. (甲은)辛 金으로써 官을 삼으나 辛 金은
丙 火의 처가 되고 丁 火의 정재가 되니 자연히 辛 金을 빼앗게
된다. 甲 木의 록은 이미 丙·丁 火에서 등을 졌으나, 오히려 戊·
己 土가 있으면 甲 木이 戊와 己 土를 처와 財로 취할 수 있으니
복이 된다. 부에서 "배록하였으나 빈궁하지 않다"고 하였다. 또
반드시 오행의 휴수하고 왕성함을 정밀하게 살피고, 간지가 머무
는 방위도 아울러 함께 휴수하고 왕성함을 정밀히 하여야 한다.

建祿不富, 六甲人正月生逢丙寅, 是生月建祿也, 甲祿在寅,
故曰 "建祿而不富"也. 正月土病,[46] 甲以戊己爲財, 寅卯乃
土病之地, 雖建甲之正祿旺, 而無祖也, 生月爲父母, 故無祖
財也. 死妻多數而孤, 若歲時位內有亥卯未, 或有乙干, 故三
妻之上, 主一世貧窮. 作事多虛詐, 爲人大樣, 或論官, 則名
目而已, 權印極輕, 謂無金. 只見甲之本祿, 而春生, 則一生

---

46) 正月土病: 서자평은 여기에서 水와 土를 同宮으로 설명하고 있다.

少病. 若當生歲時得辛未·癸未·癸酉·辛亥·戌·丑則佳.
然金土本主休囚, 賴於金土分野爲官印爲財, 如得此歲扶小
慶之命. 大運遇巳·酉·丑位, 則官印財帛奮發, 而亦不崇顯
也, 謂金土絶死, 賦云 "根在苗先, 實從花後"[47] 故也. 若當生
歲時位內無金土之貴, 則遇金土而不發官印財帛也. 謂歲時
月內外元無金土之貴, 則遇吉運而亦不發福, 謂主本元無也.
故云 "福星臨而禍發, 以表凶人",[48] 謂運臨貴地而不發福.
以表當生歲時所稟富貴極厚, 而運臨劫財七煞之地, 雖敗財
敗官, 亦自有喜, 謂所乘福氣之厚也.

　祿이 든든히 섰어도 부귀하지 않다는 것은, 六 甲 木人이 正月
에 태어나 丙寅을 만나니 생월이 建祿이나 甲 木의 록은 寅에 있
기 때문에 "건록이라도 부하지 못하다."고 한다. 正月(寅)은 土가
病이고 甲 木은 戊와 己 土를 財로 삼으니 寅과 卯는 土의 病地이
므로, 비록 甲 木이 반듯하게 왕성한 록을 세웠지만 조상이 없고,
생월은 부모가 되므로 조상의 재물이 없는 것이다. 처가 죽는 일
이 많고 고독하며 만약 세년과 時의 자리에 亥·卯·未가 있거나
혹 乙 木 천간이 있으면 三妻之上(삼처지상: 부인이 셋 이상이 되
는 경우)으로, 한 평생이 가난하다. 일하는 것이 공허하고 거짓된
것이 많아서 사람됨이 뽐내기를 좋아하는데, 관을 논하자면 명목

---

47) 根在苗先, 實從花後: 『낙록자부주』 상권 19장에 나온다.
48) 福星臨而禍發, 以表凶人: 『낙록자부주』 하권 68장에 나온다.

일 뿐이니 權印(권인: 계급)이 극히 가벼운 것은 金이 없기 때문이다. 단지 甲 木의 원래 록을 만나는 봄에 태어나면 일생에 병은 적다. 만약 歲年과 時에서 辛未·癸未·癸酉·辛亥와 戌·丑 등을 얻으면 아름답다. 그러나 金(官)·土(財)와 本主가 休囚하므로, 金·土 분야의 도움으로 관인과 財가 만들어지므로 이런 歲年이 되면 조금의 경사가 있을 뿐인 명이다. 대운에서 巳·酉·丑의 자리를 만나면 관인과 재백이 분발하기는 하지만 역시 높게 드러나지 않는 것은, 金·土가 絶에 해당되고 死에 있기 때문이다. 부에서 "뿌리는 싹보다 먼저 있고, 열매는 꽃보다 나중에 있다."고 한 까닭이다. 만약 태어날 때 세년과 時에 金·土(官·財)의 貴가 없으면 (운에서)金·土를 만나도 관인과 재백이 발현되지 못한다. 歲·時·月 내외의 사주 원국에 金·土의 貴가 없으면, 길운을 만나도 역시 발복이 되지 않는 것이고 이는 主本에 원래 없기 때문이다. 따라서 "복성이 임하더라도 재앙이 발하니 흉인임을 표시한다." 고 하였고, 이는 운이 貴地에 임하였으나 복이 발하지 못하는 것을 말한다. 태어 날 때에 세시에 품부 받은 부귀가 매우 두터우면 운이 劫財(겁재: 재물을 뺏김)나 칠살에 임하여 비록 財와 官이 패하여도 역시 기쁨이 있는 것은 타고난 복기가 두텁기 때문이다.

六乙人二月生是也. 若歲時位內有申羊巳酉丑, 則官印稍得, 爲用至輕也, 如歲時位內天元有庚 則尤佳. 歲時若居辰戌巳上, 則爲乙之財亦妙矣. 丑爲貴地, 財官兩美. 若月時位內有亥卯未, 或更別位天元上見甲乙或寅位, 則一生財帛不聚, 尅三妻以上, 亦無祖財, 爲性好剛, 亦平生少病, 謂木春生而身旺鬼絶也. 三月金方受胎, 雖破命而長年也. 乙卯以辛或酉爲七煞. 以春生金絶, 運逢金爲財庫, 巳爲背祿而有財, 午未見財多而不成. 『成鑑』曰: "絶破皆空, 五行支枯也." 逢申運則財發, 官得權, 凡百遂意. 若當生歲時元有申位, 則依前甲寅篇內究之. 其五行活法, 未見歲時分野之氣, 亦未可一途而取軌也.

六 乙 木人이 二月(卯)에 생한 것도 이것(건록)이다. 만약 세시의 자리에 申과 아울러 巳·酉·丑이 있다면 관인을 조금 얻기는 하지만 쓰기는 좀 가벼우나, 세시의 천원에 庚 金이 있으면 더욱 좋다. 세시에 만약 辰·戌·巳가 있으면 乙 木의 財가 되니 역시 좋다. 丑은 貴地가 되니 財와 官이 모두 좋다. 만약 月과 時에 亥·卯·未가 있고 다른 위치의 천원 위에서 甲 木과 乙 木또 는 寅이 보이면 일생에 재물을 모으지 못하고, 처를 셋 이상 극하며 역시 조상의 재물이 없고, 성품은 강직하면서 평생 병이 적으니, 木이 봄에 태어나면 身은 왕성하나 鬼는 絶의 상황이기 때문이다. 三月(辰)은 金이 태를 받는 곳으로, 비록 破命(파명: 목숨을 돌보지 않다)이어도 오래 산다고 하였다. 乙卯는 辛 金과 酉가 칠살이다. 봄에 태어나면 金이 絶이 되지만 운에서 金을 만나면 財庫가 되고,

巳는 배록이 되지만 재물이 있고, 午와 未는 財가 많아 보이지만 이루지 못한다. 『성감』에 이르길 "절하고 파되면 모두 내실이 없으니 오행의 지지가 마른다."고 하였다. 申 운을 만나면 재물이 발달하고 官은 권력을 얻으며 모든 뜻을 다 이루게 된다. 만약 태어나는 세시에 申의 자리가 있다면 앞의 甲寅 篇을 참고하여 연구하면 된다. 이 오행은 활법이므로, 세시 분야에서 기가 보이지 않는다고 해도 한 길의 궤도만 취하여 따르면 안 된다.

六丙人四月生是也. 四月水絶, 若歲時得癸亥壬子壬戌癸卯甲子, 則官稍得, 此亦鬼絶而用鬼爲官印, 然不淸. 亦可作有用之命, 然一生坎坷. 若歲時內無壬癸亥子, 則是建丙火本家祿主之命, 論六甲乙之命言之, 亦無祖財. 若臨午未, 則妻死三數, 一生無財祿, 出軍班吏人, 名目極卑.

六 丙 火人이 四月(巳)에 생한 것도 이것(건록)이다. 四月은 水가 절에 해당하는데 만약 세시에서 癸亥・壬子・壬戌・癸卯・甲子를 얻으면 官을 조금 얻게 되지만 이 역시 鬼가 절이 되니 鬼와 관인으로 쓰기에는 청하지 못하다. 역시 대개 쓰임이 있는 명을 만들 수는 있으나 일생에 뜻을 이루지는 못한다. 만약 세시에 壬・癸水나 亥・子가 없다면 丙 火가 본가의 록을 주장하는 명이 되지만, 六甲・乙 木의 명을 말 할 때와 같이 조상의 재물은 없다. 만

약 午와 未가 임하면 처가 죽는 것은 세 번이나 있고 일생에 재록이 없으며, 군대에 들어가 전쟁터로 나아가 관리가 되지만 명분은 매우 천하다.

六丁人五月生是也. 謂丁祿在午, 丁以庚辛爲財, 五月金休敗, 無祖財, 或因主尅妻. 若歲時有亥子申辰水, 則爲官用, 然名目不清, 亦且入仕, 向武臣止大使臣, 文官止京朝而已. 若歲時居巳戌, 或干頭有戊己土, 則名目而已. 權印祿輕, 情性動作亦同甲乙, 皆是建旺本祿五行, 別無造化而不君子也.

六 丁 火人이 5月(午)에 생한 것도 이것(건록)이다. 丁 火의 록은 午에 있고, 丁 火는 庚 金과 辛 금으로써 財를 삼는데 5월은 金이 휴패에 해당하니, 조상의 재물이 없거나 주로 처를 극하는 원인이 된다. 만약 歲時에 亥·子·申·辰 등의 水가 있으면 官을 쓰지만 명목은 청하지 않다. 역시 잠깐 벼슬에 나아가지만 武臣으로 가면 大使臣(대사신: 죄인을 잡아들이는 사람)에 그치고, 문관으로 나아가면 京朝(경조: 높은 벼슬의 비서)에 머무를 뿐이다. 만약 歲時에 巳·戌이 있고 혹 천간에 戊·己 土가 있으면 명목만 있을 뿐이다. 권인과 록이 가볍고 정성과 동작은 역시 甲·乙 木일 생과 같으니 모두 원래 록의 오행이 건왕하기만 한 것으로, 다른 조화가 없고 군자도 되지 못한다.

六己人五月生是也. 謂己祿在午, 己以壬癸爲財, 五月以水囚, 無祖財也, 尅妻三數, 子見而不立, 運逢財而不聚. 作事厚而有理, 性好靜, 可言語. 若歲時內有甲有寅, 則爲正官, 爲福亦妙. 有亥卯未, 則爲偏官, 干頭有乙, 則爲鬼而不尅身, 謂甲乙夏死, 身旺鬼絶也. 以甲爲官, 亦嫌木死而官卑. 如歲時辛亥・庚子・癸丑或申子辰, 則財但得, 亦無大富也.

六 己 土人이 5月(午)에 생한 것도 이것(건록)이다. 己 土의 록은 午에 있고 己 土는 壬과 癸 水를 財로 삼는데, 5월은 水가 囚에 해당되니 조상의 재물이 없으며 처를 세 번 극하고 자식을 봐도 이루지 못하며 운에서 財를 만나도 재물이 모여지지 않는다. 일을 할 때는 이치에 맞게 하며 이성이 있고 고요함을 좋아하고 언어가 통한다. 만약 세시에 甲 木과 寅이 있으면 정관이 되니 복이 되어 좋다. 亥・卯・未가 있으면 편관이 되고 천간에 乙 木이 있으면 鬼가 되지만 身을 극하지 못하는 것은, 甲과 乙 木은 여름에 死가 되어 身은 왕성하고 鬼는 絶에 해당되기 때문이다. 甲 木을 관으로 삼지만 꺼리는 것은 木이 死에 해당되니 관직은 낮다. 만일 세시가 辛亥・庚子・癸丑이나 申・子・辰이면 재물을 얻기는 하지만 큰 부자는 못된다.

六戊人四月生是也. 謂戊祿在巳, 戊以壬·癸爲財, 四月水絕, 無財尅妻, 見子多而不立, 致有絶嗣, 戊雖旺而鬼死, 爲之偏易也. 故賦云 "眷屬憂其死絕".49) 若歲時居申子辰水位, 則子晚見而不絶也, 止有一數. 餘同上論.

六 戊 土人이 4月(巳)에 생한 것도 이것(건록)이다. 戊 土의 록은 巳에 있고 戊 土는 壬과 癸 水를 財로 삼는데 4월은 水가 절에 해당되므로 재물이 없고 처를 극하며 자식을 많이 보아도 이루지 못하고 대가 끊어지니, 戊 土는 비록 왕성하나 鬼가 死에 있으니 편역이 되는 것이다. 그러므로 부에서 이르길 "권속이 그 死와 絶에 있음을 걱정한다."고 하였다. 만약 세시에 申·子·辰의 水 자리가 있으면, 자식은 늦게 보지만 끊어지지 않으나 한 자식에 그친다. 나머지는 위에 논한 것과 같다.

六庚人七月生是也. 謂庚祿在申論官, 則建庚之干祿, 金以木爲財, 七月木絕. 若上旬生, 則有祖財, 謂有六月金氣, 未爲木庫, 雖臨木絕之鄉, 以七月氣而尙有三五分庫財之福也. 運至酉·戌破盡也, 酉·戌乃庚之劫財. 故賦云: "小盈大虧, 恐是劫財之地".50) 加以戌刑未, 祖財所以破盡也. 若中旬·末旬生, 則無財也. 或歲時居寅·卯幷亥·未, 則生財而亦不

---

49) 眷屬憂其死絕: 『낙록자부주』 하권 36장에 보인다.
50) 小盈大虧, 恐是劫財之地: 『낙록자부주』 하권 12장에 보인다.

廣, 若太歲臨於酉‧戌, 又無財也. 若歲時干有丙‧丁, 居於
東南之位, 亦爲官印, 若歲時支幷却有壬‧癸則無官也. 若歲
時居巳‧午, 更兩位干是戊‧己, 則有官祿而不淸不顯, 以秋
火無氣故也. 陶朱云: "若逢天元會例遇鬼, 則父子不親". 壬‧
癸時, 庚‧辛爲母, 以丙‧丁爲妻, 被水尅去丙‧丁, 所以庚‧
辛背祿也. 運行午火旺之地 亦發福, 則只是暫得時而已, 終
不成大器也.

六 庚 金人이 7月(申)에 생한 것도 이것(건록)이다. 庚 金의 록은
申이고 관으로 논하며 庚 金의 천간 록으로 세워졌고, 金은 木으
로 財를 삼으니 7월은 木의 절지가 된다. 만약 상순에 태어났으
면 조상의 재물이 있다고 하니, 6월은 금기가 있다고 말하고 未
가 木의 고가 되니 비록 木은 절에 임하였다 할지라도 7월의 기
운으로 여전히 고지의 三五分 정도의 재물 복은 있기 때문이다.
운이 酉와 戌에 이르면 (재물이)남김없이 다 없어지니, 酉와 戌은
庚 金의 겁재이기 때문이다. 그러므로 부에서 "적게 차고 크게 줄
어드는 겁재의 땅이 두렵다."고 하였다. 더하여 戌은 未를 형하니
조상의 재물이 남김없이 없어지는 이유이다. 만약 중순과 하순에
태어났으면 재물은 없다. 혹 세시가 寅‧卯와 亥‧未에 있으면 재
물을 만들기는 하지만 역시 크지는 않고, 만약 태세가 酉‧戌에
임하면 재물이 없다. 혹 세시 천간에 丙‧丁 火가 있고 동남의 위

치(木·火 地支)에 있으면 역시 관인이 있는 것이고, 만약 세시 지지와 아울러 壬·癸 水가 있으면 오히려 관이 없게 된다. 만약 세시에 巳·午가 있고 또 양 천간 자리에 戊와 己 土가 있으면 관록이 있으나 청하지 않아 영달하지 못하게 되는 것은, 가을의 火는 무기하기 때문이다. 도주는 "만약 천원에서 鬼를 만나는 것이 모여 있으면 부자가 친하지 않다."고 하였다. 時가 壬·癸 水일 때 庚·辛 金은 어머니이고 丙·丁 火로 처를 삼는데, 水가 丙·丁 火를 극해 가버리니, 庚·辛 金의 배록이 된다. 운이 火의 왕지가 되는 午로 행하면 역시 발복은 하지만 단지 잠시 얻는 것일 뿐이고 대기를 이루지 못하고 끝난다.

六辛人八月生是也. 建祿臨官·財·印, 一依六庚同論. 若辛亥·辛卯·辛未, 財則不闕, 亦無大積. 未爲辛之財庫, 卯爲辛之財鄕, 亥爲辛之財長生, 皆爲支內支財也, 以八月財絶命衰, 縱建祿而不富也. 此三辛, 財且薄, 其餘皆依庚論, 如庚申·辛酉·辛丑吉凶之論, 如辛巳時有貴而有官印亦輕.

六 辛 金人이 8월에 생한 것도 이것(건록)이다. 건록이 官과 財와 印에 임하는 모든 것은 六 庚을 논한 것에 따른다. 辛亥·辛卯·辛未의 財는 헛되지는 않지만 역시 많이 쌓이지 않는다. 未는 辛 金의 재고가 되고 卯는 辛 金의 재향이 되며 亥는 辛 金의 財의 장생

이 되지만, 모두가 지지 안이나 지지의 財가 된다. 8월은 財가 절이 되고 명도 쇠하므로 설령 건록이라도 부귀하지 않다. 이 세 개의 辛 金은 財가 잠시 적어지나, 그 나머지는 모두 庚을 논한 것에 따르고 庚申・辛酉・辛丑의 길흉으로 논하며, 만일 辛巳 時라면 貴와 관인이 있으나 역시 가볍다.

六壬人十月生是也. 壬以丙丁爲財, 十月火絶, 以戊己土絶[51] 賦云 "己巳戊辰, 度乾宮而脫厄"[52]是也. 常術以水土絶於四月,[53] 其水固絶土非也,[54] 土絶在亥, 故以十一月生人, 運到亥爲厄運也. 其壬十月無土無火, 乃財絶命衰也. 壬亦以戊己爲鬼. 十月戊己絶, 假令歲時位有戊己或戊丑未, 可作官印用, 亦不爲鬼. 賦云 "若乃身旺鬼絶, 雖被命而長年[55]"是也.

六 壬 水人이 10월에 생한 것도 이것(건록)이다. 壬 水는 丙과 丁 火를 財로 삼는데 10월의 火는 절지에 해당되고 戊・己 土도 절지에 해당된다. 부에 "己巳와 戊辰은 건궁을 통과하면 재앙에서 벗어날 수 있다."고 한 것이 이것이다. 보통 술에서 水와 土는 4월에 絶이라 하는데, 水는 확실히 絶하지만 土는 그렇지 않다. 土는 亥에서 絶하는 까닭에 11월에 태어난 사람의 운이 亥에 이르게

---

51) 十月火絶, 以戊己土絶: 서자평은 여기에서 火와 土를 同宮으로 설명하고 있다.
52) 己巳戊辰, 度乾宮而脫厄: 『낙록자부주』 하권 34장에 보인다.
53) 常術以水土絶於四月: 宋나라 때는 일반적으로 水와 土를 동궁으로 간명한 것을 알 수 있다.
54) 其水固絶土非也: 서자평은 여기에서 火와 土를 동궁으로 사용하고 있다.
55) 若乃身旺鬼絶, 雖被命而長年: 『낙록자부주』 하권 10장에 보인다.

되면 액운이 되는 것이다. 壬 水人이 10월에 태어나고 土와 火가 없으면, 財는 絶하고 命은 衰한 것이다. 壬 水는 역시 戊·己 土를 鬼로 삼는데 10월은 戊·己 土가 絶이 되지만 가령 歲時에 戊·己 土나 戌·丑·未가 있으면 관인으로 쓸 수는 있으나 역시 鬼가 되지 않는다. 賦에서 "만일 身이 왕성하고 鬼가 절하면 비록 파명이라도 오래 산다."고 한 것이 이것이다.

六癸人十一月生是也. 癸祿居子, 論財·論官印·論鬼, 亦依干祿倣言之.

六 癸 水人이 11월에 생한 것도 이것(건록)이다. 癸 水의 록이 子에 있으니, 財와 관인과 鬼를 논할 때는 역시 천간의 록에 준하여 말한다.

---

30. 若乃身旺鬼絶, 雖破命而長年; 鬼旺身衰, 逢建命而夭壽.

만일 身이 왕성하고 鬼가 절하면 비록 파명이어도 오래 살고, 鬼가 왕성하고 身이 쇠하면 건명을 만나도 요절한다.

鬼旺者, 甲人正月生, 甲以金庚爲鬼, 即可爲學堂之用, 不

可作鬼. 謂之庚鬼自然絶, 而不能害其甲, 雖破命而長年也.
又經云身衰者, 如甲人秋生, 秋金旺乃甲木絶. 甲雖逢寅卯建
祿之地, 與庚金相逢, 雖則重重之救必夭壽也.

鬼가 왕성하다는 것은 甲木人이 정월에 생했을 때 甲木은 庚
金이 鬼가 되지만, 학당으로 쓰이게 되니 鬼로 만들지 않음이다.
庚金인 鬼는 (寅에서)자연히 절하니 甲木을 해롭게 할 수 없고,
비록 파명이라도 오래 사는 것이다. 또 경에서 말하는 身이 쇠하
다는 것은 甲人이 가을에 태어나면, 가을에 金은 왕성하지만 甲
木은 절에 있기 때문이다. 甲木이 비록 寅·卯인 건록의 땅을 만
나더라도 더불어 庚金을 만나면, 비록 여러 번 구조되기는 하지
만 반드시 요절한다.

---

31. 背祿逐馬, 守窮途而恓惶56); 祿馬同鄉, 不三台而八座.

록을 등지고 마를 쫓으면 막다른 길을 지키면서 허둥거리
고, 록마가 동향이면 삼공 아니면 팔좌에 앉는다.

如六甲人生在三春九夏, 天元更帶丙丁, 則背祿也. 逐馬者,
甲逢乙或亥卯木尅逐馬也. 甲以金爲官印, 春金絶, 夏金囚,

---

56) 恓惶:『낙록자삼명소식부주』신문풍 본에는 "悽惶"으로 되어 있다.

更歲月時中帶天元丙丁, 則甲背祿. 甲以己土爲財爲馬爲妻,
被乙幷亥卯木尅遂去己土, 則甲無財而無官, 必尅妻也, 故云.
餘皆依此推之.

만일 六 甲 木人이 봄과 여름에 생하고 천원에서 다시 丙·丁
火가 있으면 배록이 된다. 축마란 甲 木이 乙 木 또는 亥·卯의 木
과 마를 극하며 뒤쫓아 따라가는 것이다. 甲 木은 金을 관인으로
삼는데 봄에 金은 절에 해당 되고, 여름에 金은 囚에 해당된다.
다시 歲月時의 천원 중에 丙丁火가 있으면 甲 木의 배록이 된다.
甲 木은 己 土로 財를 삼고 馬를 삼고 妻를 삼는데, 乙 木이 亥·卯
와 아울러 己 土를 극하여 없애버리는 것을 당하면, 甲 木은 財와
관이 없게 되고 반드시 처를 극하게 되므로, 그래서 이렇게 말한
것이다. 나머지도 이에 준하여 따른다.

假令壬午生下有丁巳, 是三奇祿馬同鄕, 更要生時不在休
敗. 如得庚午時, 則時中庚自坐祿, 以庚制其甲, 以辛制其乙,
使壬存己土卽祿重也, 無失而早發矣. 若壬午日得壬寅月時,
則背祿也. 謂寅中有甲木奪己土, 卽壬無官也. 寅中却有火生,
則依上論.

壬午 生이 아래에 丁巳가 있으면 삼기이며 록마동향이 되지만,

또 생시가 휴패하지 않아야 한다. 만일 庚午 時이면 時 중의 庚 金이 스스로 록에 앉으므로 庚 金으로 甲 木을 제지하고 辛 金으로 乙 木을 제지하여, 壬 水 일간으로 하여금 己 土에 있게 되니 록이 중하여 손실이 없고 일찍 발달하게 된다. 만일 壬午 일이 壬寅 월과 시를 얻게 되면 배록이 된다. 寅 중의 甲 木이 己 土를 빼앗으면 壬 水는 無官이 되기 때문이다. 寅 중의 火가 생하는 것은 위에서 말한 것에 따른다.

如冬生則減半言之. 秋生却有祿, 謂木絶不能奪土. 秋土懷金, 金生壬生癸, 木絶火死, 所有以不能尅土. 若歲月時中有亥卯未, 亦能破己土, 卯亦破午. 如歲月時中無爭奪衝刑隳壞, 則貴可定兩府, 更切精休旺言之爲妙. 賦云 "祿馬同鄕, 不三台而八座"[57] 是也. 若有爲害之位, 更精爲害之休旺, 量力而言. 『成鑑』云 "更須四被無侵 多獲吉慶", 云 "無全士庶", 爲百全之命也. 謂如太宰唐公[58] 命, 丙午年, 庚子月, 壬午日, 丙午時. 何謂貴? 謂壬午日, 幹起丙午上, 丙字來尅子上庚字, 上庚旣被丙來尅, 則避丙却於午位, 壬字乃庚之子, 再得丙午

---

57) 祿馬同鄕, 不三台而八座: 『낙록자부주』 하권 11장에 나온다.
58) 太宰唐公: 太宰는 중국 고대의 관직 이름이다. 시대마다 職責과 地位가 다르지만, 명나라와 청나라 때는 吏部尙書를 가리킨다. 唐公은 명나라 때 고위 관리를 지낸 唐龍으로, 字가 虞佐, 號가 漁石이며 蘭溪縣 사람이다. 正德 3年(1508年)에 進士가 된 후 38년 동안 兵部尙書, 刑部尙書 吏部尙書 등을 역임하였다. 嘉靖 25年(1546年)에 病을 이유로 사직하는 글을 올렸다가 과격한 말 때문에 파면되어 여관에서 죽었지만, 수년 뒤에 원래 관직이 회복되고 文襄이라는 諡號를 받았다.(Baidu)

時, 丙又不與壬位, 又來子位, 二丙在子, 皆爲丙鼠, 兩丙皆
歷貴地. 賦云 "歸道乃水府求元."[59] 皆是丙癸造化也. 庚壬
居干又是三奇祿馬同鄕, 此云飛天祿馬也. 天元動作出入, 惟
十二支辰不動, 爲屬地也.

(壬午 生이)겨울에 태어나면 반을 감해서 말한다. 가을에 태어
나면 오히려 록이 있다 하는 것은, 가을의 木은 절에 해당되니 土
를 빼앗을 수 없기 때문이다. 가을 土는 金을 품고 있으니, 金은
壬 水를 생하고 癸 水를 생하며 木은 절에 해당되고 火는 사에 해
당되기 때문에 土를 이길 수 없는 것이다. 그러나 歲·月·時 중
에 亥·卯·未가 있게 되면 역시 己 土를 파할 수 있고 卯 역시
午를 파한다. 又 歲·月·時에 쟁탈이나 충형이나 隳壞(휴괴: 서
로 빼앗거나 무너뜨림)가 없으면 그 귀함이 兩府(양부: 文武 양부)
에 이른다고 할 수 있으니, 다시 정밀하게 휴왕의 말을 새겨보면
신기하다. 賦에 이르길 "록마가 동향이면 三公 아니면 八座에 앉
는다."고 한 것이 이것이다. 만일 해로움이 되는 자리가 있으면,
다시 해로움이 되는 것의 休와 旺을 자세히 살피고 그 힘을 헤아
려서 말해야 한다. 『성감』에 "반드시 사방에서 침범하는 것이 없
도록 해야지 많은 경사로움을 얻는다."고 했는데, (낙록자부 상
권 13장에서) "온전히 아는 보통사람은 없다."고 했지만 온전한
命은 있다. 太帝의 높은 벼슬을 한 唐公의 命인 丙午 년 庚子 월 壬

---

59) 歸道乃水府求元: 『낙록자부주』 상권 10장에 나온다.

午 일 丙午 시를 어째서 귀하다 하는가? 壬午 일을 근간으로 하여 丙午 시가 일어났고, 위(天干)의 丙 字(年干의 丙)가 와서 子 위의 庚 字(월간의 庚)를 극하니 庚 金은 이미 午 火에 피하고 壬 字는 庚의 子로 다시 丙午 시를 얻게 되며, 丙 火는 또 壬의 자리와 함께 하지 않으면서 또 子가 오니, 두개의 丙이 子에 있고 모두 丙鼠(병서: 丙子)가 되니 양 丙은 모두 귀지를 지난다. 부에 이르길, "道門에 돌아가면 수부에서 현묘함을 구한다."고 한 것은 모두 丙 火와 癸 水의 조화를 말한다. 庚 金과 壬 水가 천간에 함께 하면 삼기가 되고 록마가 동향이니, 이를 '비천록마'라고 한다. 천원은 움직이고 변하여 들고 나는 것을 만들지만, 오로지 십이 지지는 움직이지 않고 변하지 않아 거느리는 속지가 되는 것이다.

---

32. 官崇祿顯,[60] 定知夾祿之鄕; 小盈大虧, 恐是劫財之地.

관직이 높고 지위가 드러나니 바로 협록의 향임을 알겠고, 작게 차고 크게 이지러지니 아마도 겁재의 땅일 것이다.

論夾祿, 戊辰日戊午時, 丁巳日丁未時, 己未日己巳時, 壬戌日壬子時, 癸丑日癸亥時. 凡見夾祿者, 不可本祿上有歲月所占. 占了則官實也, 實則不容物也, 官不崇顯也. 其祿比盛

---

60) 祿顯: 『낙록자부주』에는 "位顯"으로 되어 있다.

物之器, 空則容物. 有祿占, 非眞夾祿也. 假令宋景陽[61]郎中命, 庚午年, 丁亥月, 己未日, 己巳時. 兩己夾午中之祿也, 却不合庚午太歲實了午位, 又十月衝動己, 己夾祿不穩, 卽不至清顯也. 如此之命, 華而不實也. 凡見夾祿不穩, 徒有虛聲耳, 不可作夾祿論之. 假如王中命, 甲寅日, 甲子時, 二甲夾丑, 丑乃金庫之鄕, 乃甲之貴地. 公運行辛丑, 除通判, 丑運足而交庚子被大運庚子尅了子上甲字, 乃夾祿不住, 走了貴炁, 一旦壞盡. 所以福聚之地不可被傷, 福聚之地不可無救, 其餘夾祿夾貴倣此.

협록은 戊辰 日과 戊午 時, 丁巳 日과 丁未 時, 己未 日과 己巳 時, 壬戌 日과 壬子 時, 癸丑 日과 癸亥 時 등을 말한다. 무릇 夾祿을 만나게 되면 본록의 위에서 歲月이 차지하는 자리가 있어서는 안된다. 자리를 차지하고 있게 되면 관이 채워지게 되고 채워지면 물건을 받아들일 수 없으니 관이 높이 드러나지 못하는 것이다. 그 록은 물건을 담는 그릇에 비유되니 비어있어야 사물을 받아들여 (록이) 있는 것이며, 차지하고 있으면 진짜 협록이 아니다. 가령 郎中 宋景陽의 명은 庚午 년 丁亥 월 己未 일 己巳 시이다. 두 己 土 사이에 끼어 있는 午가 록이 되지만 이미 庚午 년의 태세에

61) 宋景陽(911-987年): 오늘날 하북성 眞定사람. 後梁 太祖 開平 5年(911年) 4月 8日에 태어나 宋나라 太宗 雍熙 4年 (公元987年)에 죽었다. 太衛에 증직되었으며 諡號는 忠成이다. 宋나라 太祖 開寶 8年 (公元987年)에 남쪽 지방에 일어난 반란을 훌륭하게 진압하여 송나라 초기 정국 안정에 기여한 공이 크다.(Baidu)

서 午 자리가 채워져 있으므로 합하지 못하고, 또 10월의 水가 己(時의 巳) 土를 충동하여 己 土에 끼인 록이 온당하지 못하니, 淸顯職에는 이르지 못한다. 이런 명은 화려하지만 열매가 없다. 협록이 온당하지 못하면 단지 헛된 명성이 있을 뿐으로, 협록이라 논할 수 없다. 가령 王中의 명과 같이 甲寅 일 甲子 시의 두 甲 木 사이에 丑이 끼여 있으니, 丑은 金의 고향이니 甲 木의 貴地가 된다. 공이 辛丑 운으로 갈 때 통판의 벼슬에 임명되어 丑 운은 만족하였지만 庚子 운을 만나면서 대운 庚子의 子 위의 甲 字가 극을 당하니 협록이 살지 못하고 귀한 기운이 달아나버리니 하루 아침에 모두 무너져 버린다. 따라서 福이 모인 땅은 상하면 안 되고 복이 모인 땅은 도움이 없으면 안 되니, 그 나머지 협록과 협귀도 이에 따른다.

戊見己, 庚見辛, 壬見癸, 皆爲劫財, 與甲見乙同. 前五陽見五陰爲劫財, 尅妻; 後五陰見五陽敗財不尅妻, 防陰賊或小人相侵. 乙以甲爲親兄, 以戊·己爲財, 甲能奪己壞戊. 丁以丙爲兄, 丁以庚·辛爲財, 丙能奪辛爲妻破庚. 己見戊爲兄, 己以壬·癸爲財, 戊能奪癸爲妻破壬. 辛以庚爲兄, 辛以甲·乙爲財, 庚奪乙爲妻破甲. 癸見壬爲兄, 癸以丙·丁爲財, 壬奪丁爲妻破丙. 假如甲奪乙財是也.

戊 土가 己 土를 보고 庚 金이 辛 金을 보고 壬 水가 癸 水를 보는 것 모두 겁재가 되는 것과 같이 甲 木이 乙 木을 보는 것도 이와 같다. 앞의 오양이 오음을 보면 겁재가 되고 처를 극하고, 뒤의 오음이 오양을 보면 패재이기는 하나 처를 극하지는 않으니 陰賊(음적: 숨은 도둑)이나 소인이 서로 침범하는 것을 막아야 한다. 乙 木은 甲 木을 친형으로 삼고 戊·己 土를 財로 삼는데, 甲 木은 능히 己 土를 빼앗고 戊 土를 무너뜨린다. 丁 火는 丙 火를 형으로 삼고 庚·辛 金을 財로 삼는데, 丙 火는 능히 辛 金을 빼앗고 처가 되는 庚 金을 파한다. 己 土는 戊 土를 형으로 삼고 壬·癸 水를 財로 삼는데, 戊 土는 능히 癸 水를 빼앗고 처가 되는 壬 水를 파한다. 辛 金은 庚 金을 형으로 삼고 甲·乙 木을 財로 삼는데, 庚 金은 乙 木을 빼앗고 처가 되는 甲 木을 파한다. 癸 水는 壬 水를 형으로 삼고 丙·丁 火를 財로 삼는데, 壬 水는 능히 丁 火를 빼앗고 처가 되는 丙 火를 파한다. 가령 甲 木이 乙 木의 財를 빼앗는 것이 이것이다.

珞琭子三命消息賦註 卷下

世術用六甲人正月生者, 此名建祿而不富, 此非生月帶官祿也. 生月帶官祿者, 如甲乙人秋生, 丙丁人冬生, 戊己人春生, 庚辛人夏生, 壬癸人生於四季月是也. 且如甲乙木用金爲官祿也, 庚金旺, 是生月帶官祿也. 遇之者, 官祿超遷, 功名特達也.

보통 술에서는 六甲 木人이 정월에 태어나면 건록이라 이름 하지만 부귀하지 않은 것은, 생월에 官祿을 갖고 있지 않은 것이다. 생월에 관록이 있다는 것은, 甲・乙 木人이 가을에 태어나고 丙・丁 火人이 겨울에 태어나고 戊・己 土人이 봄에 태어나고 庚・辛 金人이 여름에 태어나고 壬・癸 水人이 4 季月에 태어나는 것이 이것이다. 만약 甲・乙 木은 金을 관록으로 쓰는데 庚 金이 왕성하면 생월에 관록이 있게 된다. 이를 만나면 관록의 등급이 뛰어올라 공훈과 명예가 특별히 뛰어나다.

或間曰: "此生月帶祿而爲福者, 尋常有之, 而賦意言之何重也?" 答曰: "如賦云 '略之爲定一端, 究之翻成萬緒'[62] 是也." 如甲戌人八月生建酉, 酉中建辛, 辛爲甲之旺官祿. 若當生歲時居寅午戌火局, 更別位有丙丁火, 亦不能損甲之官祿, 以八月火死故也. 或當生歲時居亥卯未木局, 更或別位有甲乙木, 亦不能奪甲之財帛, 以八月木絶故也. 有火不能損官祿, 有木不能劫財帛, 是財官兩喜, 爲赫奕之尊, 固其宜也. 凡命中帶祿者, 祿出祖上, 又不如生月帶祿者, 則父子之氣近爲祿相須也. 更有生日支內天元自旺, 生時不居休敗者, 復更行運在祿鄕, 如此之命, 又何啻居赫奕之尊? 是三台八座之格, 應貴人之命, 子又何疑焉? 賦云 "根在苗先",[63] 正此意也.

혹 묻기를 "생월이 록이면 복도 되지만 평범할 수도 있는데, 부에서 말한 뜻이 뭔데 그렇게 중요한가?" 답하기를 "부에서 '요약하면 하나의 단서로 정해지지만, 궁구하면 만 가지 실마리를 이루므로 연구해야 한다.'고 한 것이 이것이다." 甲戌 人이 팔월에 생하면 酉를 세우니 酉 중에 있는 辛 金은 甲 木의 왕성한 관록이다. 만일 태어날 때 세시에 寅·午·戌의 火 局이 있고 다시 다

---

62) 略之爲定一端, 究之翻成萬緒: 『낙록자부주』 하권 59장에 보인다.
63) 根在苗先: 『낙록자부주』 상권 19장에 보인다.

른 자리에 丙·丁 火가 있어도 역시 甲 木의 관록을 손상시킬 수 없는데, 팔월은 火가 사지에 해당되기 때문이다. 혹은 태어날 때 亥·卯·未의 木 局이 있고 다시 다른 자리에 甲·乙 木이 있어도 역시 甲 木의 재백을 빼앗을 수 없는 것은, 팔월은 木이 절지에 해당되기 때문이다. 火가 있어도 관록을 손상시킬 수 없고 木이 있어도 재백을 빼앗을 수 없으니, 이는 財와 관이 모두 좋은 것으로 혁혁하게 존귀한 자가 되는 것이 진실로 마땅하다. 命에 祿이 있는 자가, 록이 조상(年柱)의 자리에 있고 생월에 록이 있는 것과 같지 않으면, 父子의 기가 가까이서 祿이 되어 서로 기다린다. 다시 또 생일 지지에 있는 천원이 스스로 왕성하고 생시에 휴패가 있지 않은 자가 그 위에 또 운이 록향에 있다면, 이런 명이 또 어찌 크게 빛나는 존귀함에만 그치고 말겠는가? 이는 三台와 八座의 격으로 귀인의 명에 응하는데, 그대는 또 무엇을 의심하는가? 賦에서 말한 "뿌리는 싹보다 먼저 있다."는 것이란 바로 이 뜻이다.

奇者, 三奇官印也, 遇之者有威儀之貴也. 蘊藉者, 三元內外歲月生時, 藏蓄五行, 括囊造化, 貴氣往還, 無諸刑戰. 如此之命, 出乎其類, 爲大器之貴命也.

奇는 삼기의 관인으로, 이를 만나면 威嚴있는 貴가 있다. 蘊藉(온자: 교양과 도량이 큼)는 삼원 내외의 생월과 생시에 오행을 감추어 저장한 조화의 주머니로 귀한 기운이 가다가 되돌아오며 모든 형벌과 싸움이 없는 것이다. 이와 같은 명은 그 종류가 대기의 귀명으로 나타난다.

且如向公安撫命, 戊寅年, 甲子月, 乙丑日, 庚辰時, 何以爲貴? 戊以乙爲官印, 乙丑自居官鄕, 乙見戊爲偏官, 戊居寅爲祿位. 又見庚辰時, 乙丑見庚爲官印, 庚自居辰, 辰中有乙爲財帛, 乙丑六合甲子月, 是乙見鼠貴, 則知宗族貴家, 是名乙戊向庚爲三奇之貴也. 不惟只此, 而又金土之氣堅潤. 十一月生五行藏蓄, 唯忌逢火, 其時火死水旺, 三任方面可應出羣之器. 餘可例求焉.

뿐만 아니라 향공 안무의 명이 戊寅年 甲子月 乙丑日 庚辰時인데, 어찌 귀하게 되었는가? 戊 土는 乙 木을 관인으로 쓰고 乙丑은 스스로 관향에서 거하고, 乙 木이 戊 土를 보니 편관이고 戊 土가 寅 木에 있으니 록의 위가 된다. 또 庚辰 시를 만나니 乙丑이 庚 金을 보면 관인이고 庚 金이 辰 土에 있으며 辰 土 중의 乙 木은 (庚의)재백이 되고, 乙丑은 월의 甲子와 육합으로 乙 木이 서(子)를 (天乙貴人)귀로 삼으니 조상의 일가가 귀한 가문임을 알 수 있고, 乙 木과 戊 土가 庚 金을 향하니 삼기(乙戊庚)의 귀함으로 지칭하는 것이다. 단지 이 뿐이 아니고 더하여 金·土(財官)의 기운이 굳

세고 윤택함이기도 하다. 십일월(子月)은 오행을 축장하여 생하기 때문에 오로지 火 만나는 것을 꺼리는데, 그 때(子月)에 火는 사에 해당 되고 水는 왕에 해당하니, 여러 방면에서 대응하는 큰 재목이 될 수 있다. 나머지 사례도 이처럼 구한다.

此賦論貴命根基, 此以後說運中會遇也, 故下文云.

이번 賦에서는 貴命의 기본적인 근거에 대해 논하였고, 이후에는 운에서 만나게 되는 귀함을 말하려 한다. 따라서 다음 글에 말한다.

---

2. 陰男陽女, 時觀出入之年; 陰女陽男, 更看元辰之歲.

음년에 태어난 남자와 양년에 태어난 여자는 때때로 출입하는 해를 보고, 음년에 태어난 여자와 양년에 태어난 남자는 다시금 원진의 해를 본다.

假令陰命男三月下旬生, 得節氣深, 八歲運, 乙酉年庚辰月乙丑日辛巳時. 乙木下取丑中金庫爲官印, 又三月氣深, 時迎初夏, 又得辛巳時, 當生年乙酉三合巳酉丑, 丑位不背官印. 三月氣深, 木向衰病, 金向長生, 賦云 "向背定其貧富"[64] 是也.

가령 陰命 남자가 3월 하순에 태어나고 절기가 깊어 8세 대운일 때, 乙酉年 庚辰月 乙丑日 辛巳時이라 하자. 乙 木은 아래 丑의 金庫를 관인으로 취하고 또 3월의 기운이 깊으니 계절에서 초여름을 맞이하며 또 辛巳 시를 얻으니, 태어난 乙酉 년과 巳·酉·丑 삼합으로 丑의 자리는 관인을 등지지 않았다. 3월의 기운이 깊으니 (本主)木은 쇠와 병의 운기를 향하나 (官印)金은 (巳)장생을 향하여 가게 되니, 賦에서 "향배로 그 빈부를 정한다."고 말한 것이 바로 이것이다.

　　又曰 "將來者進", 三十八歲運行丁丑, 則財官兩美, 賦云 "每見貴人食祿, 無非祿馬之鄕"65) 是也. 三十九歲交丙子運, 是謂出入之年也. 且乙用庚爲官印, 見丙乃庚之七煞. 當生年 三月氣深, 向丙不遠. 又大運丙子, 子與巳合, 合起巳中丙, 丙尅妻, 則乙損官, 乙以庚爲妻, 則灾妻損財. 更或値丙丁· 巳午年則凶. 此是出入之年, 爲凶可知也.

　　또 "장차 올 것은 앞으로 나간다."고 하는 것은, 丁丑 운인 38세까지는 財와 官이 모두 아름답다는 말이고, 賦에서 "귀인과 식록은 만날 때마다 록마의 향이 아님이 없다."고 말한 것이 이것이다. 39세에 丙子 운으로 바뀌는 것을 출입의 해라고 말한다. 乙

---

64) 向背定其貧富: 『낙록자부주』 상권 2장에 보인다.
65) 每見貴人食祿, 無非祿馬之鄕: 『낙록자부주』 하권 49장에 나온다.

木은 庚 金을 관인으로 쓰는데 丙 火가 보이면 庚 金의 칠살이 된다. 그 태어난 해의 3월의 기운이 깊으니 丙 火로 향하는 것이 멀지 않다. 또 대운인 丙子의 子 水와 (辛巳 時의)巳 火가 (암)합하면, 巳 火에 있는 丙 火가 일어나서 처(庚)를 극하니 乙 木은 관이 손상을 당하게 되고, 또 乙 木은 庚 金의 처가 되니 처에게 재앙이 있고 재물에 손실이 있게 된다. 다시 丙・丁 火와 巳午의 년에 놓이면 흉하게 되니, 이것으로 출입의 해는 흉함이 있다는 것을 알 수 있다.

時觀者, 是當生年中四時之時也. 賦云 "一旬之內於年中而問干: 一歲之中, 於月中而問日"66) 是也. 此年運交出入, 當時迎氣深, 又辛巳時中有丙, 初交丙子運, 則灾損自應也. 賦云 "陰男陽女", 便是陰女陽男也. 前云 "出入之年," 此論 "元辰之歲", 其理無二也.

때를 본다는 것은 태어난 년에서 계절의 때를 말한다. 賦에서 "일순(10년) 내에는 년 중에 간을 묻고, 1년 중에는 월에서 일을 구한다."고 말한 것이 이것이다. 이는 년 운의 출입이 바뀔 때 당시의 깊은 기를 받아들이니, 辛巳 시 중에 丙 火가 있어 처음 丙子 운으로 바뀌면서 재앙과 손해가 저절로 일어난다. 賦에는 "음남

---

66) 一旬之內於年中而問干, 一歲之中, 於月中而問日:『낙록자부주』하권 32장에 나온다.

과 양녀"라고 말하였고, 음녀와 양남도 이러하다. 앞에서 말한 "출입지년"과 "원진지세"는 이치가 둘이 아니다.

　前論乙丑日陽命男, 運出丁丑, 欲入丙子, 此亦是 "行來出入, 凶方"之義. 前說三月深向丙丁之氣不遠, 運入丙子, 則失官財損妻灾, 況在四月三五日生, 作三歲運, 是當生元有害官印之辰. 賦云 "宣父畏以元辰"[67]是也. 其或更值寅午戌年, 己未太歲, 是名元辰之歲, 則救療無功也. 更當生歲時中有壬癸, 小運在申子辰, 亦不濟事, 四月水絶故也. 大率所犯有傷, 不可救也.

　앞에서 말한 乙丑 일 陽命 남자가 丁丑 운을 나가고 丙子 운으로 들어오려 할 때, 이 역시 "대운의 출입이 있는 곳에서 흉한 방향의 공격을 받을 것"이란 의미이다. 앞에서 3월이 깊어지면 丙과 丁 火의 기운으로 향하는 것이 멀지 않으니 丙子 운으로 들어가면 관직을 잃고 재물에 손해를 보고 처의 재앙이라 하였는데, 하물며 4월 3일에서 5일 생이면 3세운이니 태어날 때에 원래 관인의 자리에 해로움이 있는 것이다. 賦에 "공자는 원진을 두려워한다."고 한 것이 이것이다. 혹시 또 寅・午・戌 년이나 己未 태세일 때는 원진의 년이 되므로, 구하고 치료해도 공이 없다. 또 태어날 때에 壬・癸의 水가 있고 소운에 申・子・辰 의 水가 있어도

---

67) 宣父畏以元辰:『낙록자부주』상권 13장에 나온다.

역시 일이 해결되지 않는 것은, 4월은 水가 절지에 해당되기 때문이다. 대부분 침범을 당해서 상하면 구할 수가 없다.

---

3. 與生地之相逢, 宜退身而避位. 凶會吉會, 伏吟反吟, 陰錯陽差, 天衝地擊.

생지에서 서로 만나면, 몸을 물리고 자리를 피하는 것이 마땅하다. 凶會와 吉會가 있고 복음과 반음이 있으니, 陰이 錯하고 陽이 差하며 天이 衝하고 地가 擊한다.

生者, 生旺也. 凡五行皆不宜生旺. 『陰陽書』云 "金剛火强, 自刑其方, 木落歸本, 水流趨末", 則爲自刑之刑也. 且以庚辛言之, 則金也旺於西方, 故庚祿在申, 辛祿在酉. 如庚辛生人, 運到申酉, 則宜退身避位也, 夫何故? 庚辛用丙丁火爲官印, 火至申酉則病死, 則庚辛無官也. 庚辛尅甲乙爲財帛, 木到申酉則死絶, 則庚辛無財也. 官財俱衰, 雖建祿而不富. 故云 "與生地之相逢, 宜退身而避位". 鬼谷曰 "金降自乾東而震西, 南遇坤鄉而敗祿衰官."[68] 正此意也. 賦意幽妙, 宜深識之.

---

68) 金降自乾東而震西, 南遇坤鄉而敗祿衰官: 『이허중명서』 신문풍 본에는 "金降自乾東而震, 北遇坤鄉而敗, 祿衰官."으로 되어 있다.

生이란 생왕한 것이다. 무릇 오행은 모두 생왕해서는 안 된다.
『음양서』에 이르길, "金은 단단하고 火는 강력하니 스스로 그 방
위에서 刑하고, 木은 떨어져 근본으로 돌아가고 水는 끝을 향해
흐른다."고 하였으니 곧 스스로 刑하는 刑이다. 또 庚·辛 金으로
말하자면 서방에서 왕성한 金이므로, 庚 金의 록은 申에 있고 辛
金의 록은 酉에 있다. 마치 庚·辛 생 金 人의 운이 申·酉에 이르
면, 마땅히 몸을 물러나 자리에서 피하여야 하는데 이는 무엇 때
문인가? 庚 金과 辛 金은 丙·丁 火를 관인으로 사용하는데 火(官)
가 申·酉에 이르면 병지에 해당 되고 사지에 해당 되므로 庚 金
과 辛 金은 무관이 되는 까닭이다. 庚 金과 辛 金은 甲·乙 木을 극
해서 재백이 되지만 木이 申·酉에 이르면 사지가 되고 절지가
되므로 庚 金과 辛 金은 무재가 되는 것이다. 관과 재가 모두 쇠
약하니 비록 건록이지만 부하지 않다. 따라서 이르길, "생지에서
서로 만나면 몸을 물러나고 자리에서 피하는 것이 마땅하다."고
하였다. 귀곡이 말한 "金은 乾東과 震西에서부터 내려오며, 南에서
坤鄕을 만나 록이 패하고 官이 쇠해진다."는 것은 바로 이 뜻이다.
賦의 의미가 깊고 오묘하니 마땅히 깊이 구분해서 알아야 한다.

此說運中造爲引問發明之辭. 如上文云 "出入之年", 皆吉
凶兩存而不辨, 在學人曉. 而合之, 上下貫穿而得其辭悟矣.
伏吟者, 大運與元命相對者是也. 以衆術言則不佳, 以賦意言
之, 其間亦有凶會吉會存焉.

이러한 설명은 운에서 생기는 물음에 대해 밝혀서 분명하게 한 말이다. 윗글에서 "출입지년"을 말한 것과 같이, 모든 길과 흉은 늘 같이 존재하며 분명히 나눌 수 없다는 것을 학인들이 환히 알고 깨달아야 한다. 합하기도 하고 상하를 꿰뚫기도 하여 그 말을 깨달아야 한다. 복음은 대운과 원명이 서로 마주보는 것이 이것이다. 술사 무리들은 아름답지 않은 것이라 말하지만, 부에서 의미하는 말은 그 기간에도 역시 흉과 길은 존재한다는 것이다.

錯者, 錯雜也. 差者, 交差也. 人命有陰陽錯雜, 人運亦有陰陽交差, 多爲災損. 如元命與運在東南而遇太歲西北者, 謂之天衝; 元命與運在西北而太歲在東南者, 謂之地擊. 大槩與陰陽差錯不殊, 然不能無別焉. 西北衝東南者, 主動改出入, 是內衝外也; 東南衝西北者, 雖衝而不動, 是外衝內也. 遇此者皆主不寧, 其間吉凶兩存, 詳而言之.

錯은 뒤섞여 어수선한 것이고, 差는 엇갈려 어긋나는 것이다. 사람의 명에서 음양 착잡이 있고 사람의 운에서 역시 음양 교차가 있으면 재앙과 손해가 많다. 원명과 운이 동남에 있으면서 태세에서 서북을 만나면 '천충'이라 말하고, 원명과 운이 서북에 있으면서 태세에서 동남을 만나면 '지격'이라 말한다. 대개 음양차착과 다르지 않지만, 구분을 안 할 수 없다. 서북이 동남을 충하게 되면 주로 동하여 출입이 바뀌니 이는 안에서 밖을 충한 것이 되고, 동남이 서북을 충하게 되면 비록 충은 하였으나 움직이지 않으니 이는 밖에서 안을 충을 한 것이 된다. 이들은 만나게 되면 주로 편안하지 않고, 그 기간에도 길과 흉이 같이 존재하니 자세히 살펴 말한다.

---

4. 或逢四煞五鬼, 六害七傷, 地網天羅, 三元九宮, 福臻成慶, 禍倂危疑. 扶兮速速, 抑乃遲遲.

혹 四煞과 五鬼, 六害와 七傷, 지망과 천라를 만나 삼원과 구궁에 이르면, 복은 경사를 이루고 화가 겹치면 액이 의심된다. 도와줌은 빠르고 억제함은 더디다.

如元命犯辰戌丑未在四柱中, 或大運又行到或辰戌丑未之上者, 謂之四煞. 五鬼如大運干爲鬼, 制財尅官印, 此五行之鬼也, 與太歲同. 六害者, 且如丑未生人, 四柱中復有丑未. 更大運在辰戌丑未之上, 却遇太歲在子午卯酉者, 謂之六害. 遇之者, 主骨肉分離. 七傷者, 運中逢七煞是也. 如甲乙日生人, 用庚辛爲官印, 運在南方, 或逢寅午戌巳與未太歲是也. 四煞輕, 五鬼重; 六害輕, 七傷重. 運逢之輕, 歲遇之重.

원명이 사주 중에 있는 辰·戌·丑·未를 범하거나, 혹 대운과 행운이 辰·戌·丑·未에 이른 것을 '사살'이라고 말한다. '오귀' 는 대운 천간이 鬼가 되는데 財를 통제하고 관인을 극하는 것으로 이는 오행의 鬼가 되고 태세도 이와 같다. '육해'는 만약 丑·未 生 人이 사주에 중복해서 丑·未가 있는 것이다. 또한 대운에 辰·戌·丑·未가 있는데 태세에서 子·午·卯·酉를 만나는 것을 육해라 말한다. 만나게 되면 주로 부모 자식 간이 헤어지게 된다. '칠상'은 운에서 칠살을 만나는 것이다. 甲·乙 木 일에 태어난 사람은 庚 金과 辛 金을 관인으로 쓰는데, 운이 남방에 있거나 혹은 寅·午·戌·巳나 未의 태세를 만나는 것이다. 사살은 가볍고 오귀는 중하며, 육해는 가볍고 칠상은 중하다. 운에서 만나면 가볍고, 년에서 만나면 중하다.

地網天羅者, 戌人不得見亥, 亥人不得見戌, 謂之正天羅; 辰人不得見巳, 巳人不得見辰, 謂之眞地網. 遇之者灾病連綿, 不獨歲運忌逢之, 四柱中亦不宜也. 三元者, 日干爲天元, 支爲地元, 納音爲人元, 卽三元九宮也.

지망천라는, 戌 人이 亥를 만나지 못하고 亥 人이 戌을 만나지 못하는 것을 '정천라'라 하고, 辰 人이 巳를 만나지 못하고 巳 人이 辰을 만나지 못하는 것을 '진지망'이라 한다. 만나면 재앙과 질병이 끊이지 않으니, 세운에서 만나는 것을 꺼릴 뿐만 아니라

四柱 중에서도 역시 마땅하지 않다. 삼원은 일간은 천원이고 지지는 지원이며 납음은 인원이니, 바로 곧 삼원 구궁이다.

假令戊寅年壬戌月甲申日己巳時陽男命, 氣淺, 八歲運, 甲以金爲官印, 九月生是生月帶祿也. 二十六歲, 小運至辛丑, 大運乙丑, 二運幷在官祿財庫之上, 未可言凶, 此名吉會. 故曰福臻, 則乃成慶也. 又如乙酉年癸未月庚戌日甲申時陰男命, 氣深, 九歲運逆行, 以生日庚戌下取火庫爲官印, 又六月生亦是生月帶祿也. 三十九歲, 大運到庚辰, 乙庚合, 小運甲辰幷天地六合之上, 未可言吉也. 以當生六月氣深, 運到庚辰, 辰衝戌. 辰乃水庫, 水尅火, 三合甲申水長生, 兩辰衝戌, 破官印, 則爲凶會. 又曰禍幷是乃危疑也.

가령 戊寅 년 壬戌 월 甲申 일 己巳 시의 양남 명이 기가 얕은 8세 대운일 때, 甲 木은 金을 관인으로 삼고 9월(戌) 생이니 생월에 록이 있는 것이다. 26세 소운은 辛丑과 대운은 乙丑에 이를 때, 대운 소운이 함께 관록과 재고에 있으니 흉하다 말하지 않고 이를 吉會라 부른다. 따라서 복이 모이기 때문에 마침내 경사를 이룬다고 하였다. 또한 乙酉 년 癸未 월 庚戌 일 甲申 시의 음명 남자 명의 기가 깊은 9세 대운으로 역행할 때, 庚戌의 생일 아래 火의 庫를 관인으로 취하였고 6월생이니 역시 생월에 록이 있다.

39세 대운이 庚辰에 이르면 乙 木과 庚 金이 합하고 소운은 甲辰으로, 아울러 천지 육합에 있으나 길하다고 말할 수 없다. 태어날 때의 6월 기운이 깊어 운이 庚辰에 이르면 辰이 戌을 충한다. 辰은 水庫이니 水는 火를 극하고 水의 장생인 甲申과 삼합하며, 두 개의 辰이 戌을 충하니 관인이 파괴되어 凶會가 된다. 또한 재앙을 함께 의심해봐야 한다.

扶兮速速者, 如前戊寅年以甲申爲主, 運到乙丑者, 或遇行年太歲三合, 合上扶同相助, 則爲吉慶而速速也. 扶, 助也. 若太歲無刑或相衝相害, 則是與氣運相抑. 抑, 不順也, 是乃發福遲遲也, 大凡推運, 須看生年太歲, 與運生尅, 生尅已定, 則吉凶無不應驗.

도와줌이 빠르다는 것은, 앞의 戊寅 년 명에서 甲申이 주가 되어 乙丑 운에 이르게 되고 혹 행년 태세에서 삼합을 만나면, 위에서 돕고 같이 서로 도와 합하니 길하고 경사로움이 빠르게 이루어지는 것을 말한다. 扶(부: 거들다)는 助(조: 돕다)다. 만약 태세에 형이나 또는 서로 충하고 서로 해하는 것이 없으면, 기와 운이 서로 억제하는 것이다. 抑(억: 누르다)은 따르는 것이 아니니, 이는 發福이 더디게 된다. 운을 추론 할 때는 반드시 생년 태세와 함께 운의 생극을 반드시 보아야 하니, 생극이 이미 정해지면 吉

凶이 응험하지 않음이 없다.

---

5. 歷貴地而待時, 遇比肩而爭競. 至若人疲馬劣, 猶託財
旺之鄉.

貴地를 지나면 때를 기다리며, 比肩을 만나면 다투어 경쟁한
다. 만일 사람이 피로하고 말이 졸렬하면, 오히려 財旺의 鄉에
기탁한다.

生日臨官印之貴,[69] 是歷貴權之地. 且如壬辰癸巳日, 用土
爲官印, 用火爲財帛, 若生月不居九夏, 不在四季, 則是虛聲
之命, 雖歷貴地, 而猶待於四時, 基本元有元無也.

태어난 날에 관인의 귀함이 있으면 귀한 관직의 권세를 지닌
다. 만약 壬辰과 癸巳 일에 태어나면 土를 관인으로 삼고 火를 재
백으로 삼는데, 태어난 달이 한 여름이나 四季月이 아니라면 껍
데기뿐인 명예의 삶을 살고, 비록 귀지를 지닌다고 하여도 오히
려 때를 기다려야 한다는 것이니 기본(사주원국)에 원래 있고 없
음이다.

---

69) 生日臨官印之貴: 『낙록자삼명소식부주』 신문풍 본에는 "壬日臨官印之貴"로 되어 있다.

遇比肩而爭競者, 如壬辰癸巳生人, 更生九夏·四季, 得其官祿之時, 大運又在火土分野, 爲吉會. 或遇太歲是壬癸, 或爲衝刑, 或爲破害, 是比肩而爭競也. 如此者防稱意中失意, 主災禍也. 如不是壬癸, 歲是亥子丑亦同. 如當生歲時中有戊己重者, 爲有救.

어깨를 나란히 하여 경쟁함을 만난다는 것은, 壬辰이나 癸巳에 태어난 사람이 한여름이나 四季月에 태어나면 관록을 얻고, 대운에 또 火·土(財帛과 官印) 분야에 있으면 길회가 된다. 그러나 만약 태세에 壬 水와 癸 水를 만나거나 혹 충과 형 또는 파해를 만나면 '비견이쟁경'이 된다. 이는 저울질하는 가운데 막혀서 뜻과 같지 되지 않으니, 주로 재앙과 불행이 된다. 壬·癸 水가 아니어도 세운이 亥·子·丑이면 역시 같다. 만약 태어난 해의 시에 戊와 己 土가 중하게 있으면 구조가 된다.

人疲者, 人元疲乏也; 馬劣者, 所合之辰馬弱也. 假令甲午生人運行西方申酉戌者是也. 午爲人元屬火, 到西方死絕之地, 是人元疲乏也. 甲以己爲財, 午內有己土, 己土到西方, 亦自衰敗, 是劣弱也. 猶託財旺之鄉者, 午雖疲乏, 猶賴西方金旺爲財; 己雖劣弱, 秋金懷壬癸, 亦可與己破鬼生財也.

사람이 피곤하다는 것은 인원이 피곤하여 약한 것이고, 말이 졸렬하다는 것은 합으로 인해 馬가 약해진 것이다. 가령 甲午 生 人의 운이 西方의 申·酉·戌로 가는 것이 그렇다. 午의 인원은 火에 속하니 서방의 사절지에 이르게 되면, 인원이 피곤하고 약해 진다. 甲 木은 己 土를 財로 삼는데 午 안에 己 土가 있으니, 己 土가 서방에 이르면 역시 저절로 쇠약해지고 패하니 부족하고 약해지는 것이다. 猶託財旺之鄕(유탁재왕지향: 오히려 財가 왕성한 곳에 의지한다)이라 함은 午 火는 비록 피로하고 힘들지만 金이왕한 재물이 서방에 의지하고, 己 土는 비록 부족하고 약하지만 가을의 金은 壬·癸 水를 품고 있으니, 역시 己 土가 鬼를 파하고 財를 생할 수 있는 것을 말한다.

---

6. 或乃財旺祿衰, 建馬何避衝掩? 歲臨尙不爲灾, 年登故宜獲福.

혹 財가 왕하고 록이 쇠하면 건마가 어찌 충과 엄을 피하겠는가? 세운이 임하여도 여전히 재앙이 되지 않고, 풍년이 들면 마땅히 복을 취한다.

與前意同而理異也. 如丙午人運至西方, 財雖旺而祿衰. 下元建馬爲助, 言辛酉中有辛合丙也, 則不畏衝掩也. 掩者, 伏

滯也, 如伏吟之類; 衝者, 衝擊也, 如反吟之類. 旣是支元人元有財, 財且旺而祿衰者, 猶可以扶持, 縱歲運在掩伏衝擊者, 亦無害事. 此與中下興隆不殊.

앞과의 의미는 같지만 이치는 다르다. 만약 丙午 人의 운이 서방에 이르면, 재는 비록 왕하지만 록은 쇠하다. 하원의 건마가 돕는다는 것은, 辛酉에 있는 辛 金이 丙 火와 합하는 것을 말하는 것으로 충하고 가리는 것을 두려워하지 않음이다. 엄은 伏滯(복체: 굴복하여 엎드리다)로 복음의 종류이고, 충은 衝擊(충격: 서로 부딪혀 심하게 치다)으로 반음의 종류이다. 이미 지원과 인원에 財가 있어서 재는 점차 旺해지지만 록은 쇠하나, 오히려 부지할 수 있으니 세운에 엄복과 충격이 있어도 바쁘기는 하지만 역시 해로운 일은 없다. 이는 中(人元)과 下(地元)가 같이 일어나 번영하는 것과 다르지 않다.

前說財運掩衝, 此論歲臨運位, 亦未可便言凶咎. 太歲爲造化之主, 百煞之尊, 來臨壓運, 多凶少吉. 若於三元內外五行官印有用者, 亦可以利見大人[70]而成吉會. 若三元內外財帛有用者, 亦可以因貴人而發財帛也. 且如生日是壬午, 太歲是庚午, 運是戊午, 此年歲運之臨亦爲吉會也. 次年交辛未, 其

---

70) 利見大人: 『주역』의 첫 번째 乾卦(䷀)에 보인다.

氣不殊, 官印財帛有用, 則固宜獲福也.

앞에서는 財運의 엄충을 설명하였고, 여기서는 세운이 운에 임한 것을 논하는 것이므로 역시 흉이나 재앙으로 말하지 않는다. 태세는 조화를 주도하며 모든 殺의 우두머리이므로 운을 가로 막으면서 오면 흉함은 많고 길함은 적다. 만약 삼원 내외의 오행에 관인의 쓰임이 있으면, 역시 利見大人(이견대인: 대인을 보는 것이 이롭다)으로 吉하다고 할 수 있다. 만일 삼원 내외에서 재백의 쓰임이 있으면, 이 역시 귀인으로 인해 재백이 발달한다고 할 수 있다. 만일 생일이 壬午이고 태세가 庚午이며 운이 戊午일 때, 세운이 임한 것이니 역시 길한 만남이 된다. 다음 해인 辛未년도 기운이 다르지 않고 관인과 재백의 쓰임이 있으니, 진실로 복을 얻는 것이 마땅하다.

---

7. 大吉生逢小吉, 反壽長年; 天剛運至天魁, 寄生續壽.

대길 생이 소길을 만나면 도리어 수명이 길어지고, 천강 운이 천괴에 이르면 생에 기탁하여 수명을 이어간다.

丑爲大吉, 未爲小吉. 如癸未日生人行丑運, 或丁丑日生人行未運, 不得謂之反吟, 皆謂之生氣. 且癸水受氣於巳而成形

於未, 丁火受氣於亥而成形在丑. 故曰 "生逢". 如壬課發用,
丁課在未而癸在丑, 亦此意也. 丑未爲陰陽之中會, 天一貴
人[71])所臨, 主本與運逢之, 則有長年之壽也.

丑은 대길이 되고, 未는 소길이 된다. 癸未 일에 태어난 사람이
丑 운으로 행하거나 혹은 丁丑 일에 태어난 사람이 未 운으로 행
할 때를, 반음이라 하지 않고 이는 모두 생기라 한다. 또 癸 水는
巳 火에서 기를 받아 未에서 형체를 이루고, 丁 火는 亥에서 기를
받아 丑에서 형체를 이룬다. 따라서 "生逢(생봉: 생을 만남)"이라
한다. 마치 壬課에서 發用하는 것이, 정과는 未에 있고 癸 水는 丑
에 있다고 하는 것 역시 이런 의미이다. 丑·未는 음양의 가운데
서 모인 곳이고 천일귀인이 임한 곳이므로, 주본과 운에서 만나
면 수명을 길게 갖는다.

辰爲天罡, 如庚戌生人行辰運, 或甲辰生人行戌運, 不得謂
之反吟也. 且庚金受氣於寅而成形於辰, 甲木受氣於申而成
形於戌, 皆是生氣. 鬼谷子曰 "罡中有乙, 魁裏伏辛"是也,[72])
前云 "生逢"後曰 "寄生", 義不殊也.

辰은 천강이 되니, 庚戌에 태어난 사람이 辰 운으로 행하거나
혹 甲辰에 태어난 사람이 戌 운으로 행하면 반음이라 말하지 않

---

71) 天一貴人: 『낙록자삼명소식부주』 신문풍 본에는 "天乙貴人"으로 되어 있다.
72) 罡中有乙, 魁裏伏辛: 『이허중명서』 하권에 "罡中旺乙, 魁裏伏辛"으로 되어 있다.

는다. 또 庚 金은 寅에서 기를 받아서 辰에서 형체를 이루고, 甲 木은 申에서 기를 받아서 戌에서 형체를 이루니 모두 생기가 된 다. 귀곡자가 말하길, "罡中有乙 魁裏伏辛(강중유을괴리복신: 辰 土속에 乙 木이 있고 戌 土 안에 辛 金이 엎드려 있다)"이 이것이 다. 앞에서는 "생봉"이라 말하고, 뒤에서는 "기생"이라 말하였으 나 뜻은 다르지 않다.

---

8. 從魁抵蒼龍之宿, 財自天來; 太衝臨昴胃之鄉, 人元 有害.

종괴가 창룡의 별자리에 막아 세우면 財가 하늘로부터 온다. 태충이 昴와 胃의 향에 임하면 인원에게는 害가 있다.

從魁, 酉也; 蒼龍, 辰也. 如酉日生人運至辰者是也, 酉中 有辛金, 辰有乙木, 金尅木爲財, 故曰 "財自天來". 是用支內 天元爲財也.

종괴는 酉이고, 창룡은 辰이니, 酉 일에 태어난 사람의 운이 辰 에 이른 것이 이것이다. 酉 중에는 辛 金이 있고 辰에는 乙 木이 있으니, 金이 木을 극해 재가 되므로 "재가 하늘로부터 온다."고 하는 것이다. 이는 지지 안에 있는 천원이 財로 쓰이는 것이다.

太衝者, 卯也; 昴胃者, 酉也. 胃土雉・昴日雞, 有二宿在酉也. 如卯日生人運至酉者是也. 卯, 木也; 酉, 金也. 金尅木而反相刑支作人元是也. 故曰 "有害", 害者是七煞也. 不獨衝刑尅制言之, 亦是偏陰偏陽也.

태충은 卯이고, 묘위는 酉이다. 위는 토치이고 묘는 일계로 두 개의 별자리는 酉에 있다. 마치 卯 일에 태어난 사람의 운이 酉에 이르는 것이 이것이다. 卯는 木이고, 酉는 金이다. 金이 木을 극하지만 오히려 서로 형하므로, 지지가 인원을 만드는 것이 이것이다. 따라서 "有害(유해: 해롭다)"라 하고, 해는 칠살이 된다. 충・형・극・제만 말하는 것이 아니고 역시 편음과 편양도 이것인 해를 말한다.

---

9. 金祿窮於正首, 庚重辛輕; 木人困於金鄉, 寅深卯賤.

金祿은 正首에서 궁해지니 庚은 무겁고 辛은 가벼우며, 목인은 금향에서 곤란하니 寅은 깊고 卯는 얕다.

金絶在寅, 庚受氣在寅. 假如庚日生寅時者多貴, 金以火爲官, 寅爲火長生, 是官長生也. 又不尅上, 火在寅中, 金生寅上. 賦云 "金祿窮於正首",73) 『成鑑』云 "受氣推尋, 胎月須深".

金은 寅에서 절하나, 庚 金은 寅에서 기를 받는다. 가령 庚 金 일에 태어나 寅 시 생이면 귀가 많으니, 金은 火로써 관을 삼는데 寅은 火의 장생이니 관의 장생이 된다. 또 위를 극하지 않고 火가 寅에 있으니 金은 寅 위에서 살아 있다. 부에 "金의 록은 正首(정수: 寅)에서 궁하다."고 하였고, 『성감』에 "受氣를 찾아서 가져오 면 태월이 깊어야 한다."고 하였다.

辛到卯位, 二月節是辛金之胎也. 甲在申以金爲官印, 申乃 金臨官; 乙在酉, 乃帝王也. 賦云 "木人困於金鄕[74]"是也.

辛 金이 卯에 이르면 2월은 辛 金의 태가 된다. 甲 木이 金으로 관인이 되는 申에 있을 때 申 金은 金의 임관이 되고, 乙 木은 酉에 있을 때 (관인이) 제왕이 된다. 부에서 "木人은 金 향에서 곤란하 다"고 한 것이 이것이다.

---

10. 妙在識其通變, 拙說猶神; 巫瞽昧於調絃, 難希律呂.

묘함은 그 통변을 깨닫는 데 있으니 졸렬한 말도 신통할 수 있으나, 무고가 조율에 어두우면 가락이 맞기를 바라기 어렵다.

---

73) 金祿窮於正首: 『낙록자부주』 하권 22장에 나온다.
74) 木人困於金鄕: 『낙록자부주』 하권 22장에 나온다.

凡人命中貴賤得失, 妙處於四柱日時之中, 要後人識其通變
者言之, 然其辭雖拙, 而妙應如神.

대체로 명의 귀천과 득실은 묘하게도 사주의 일시 가운데에
있는데, 후인들이 그 통하여 변하는 이치를 알고자 하는 것은 비
록 그 언어들은 졸렬하지만 묘하게 응하는 것이 마치 神과 같기
때문이다.

設若不遇明師, 道聽塗說,[75] 巧言僞辭, 焉能中理? 如無目
者之調絃, 又豈能明於律呂也?

만약 분명한 스승을 만나지 못해서 경솔하고 교묘히 꾸며대는
말로 거짓을 말한다면, 어찌 이 통변 가운데에 있는 이치를 깨달
을 수 있겠는가? 마치 눈 없는 사람이 줄을 고르는 것과 같고, 또
어찌 율려에 밝을 수 있겠는가?

---

11. 庚辛臨於甲乙, 君子可以求官; 北人運行南方, 貨易
    獲其厚利.

---

75) 道聽塗說: 『論語・陽貨』에서 "道聽而塗說(경솔하게 듣고서 경솔하게 말한다)"에 보인다.

假令辛見甲, 辛尅甲, 甲中生出丙火, 丙與辛合, 辛見官印.
然不見火而見甲, 甲乃丙之母, 火之根也. 須生日是辛日, 歲
月時內有木, 以辛尅甲, 則甲中有火也. 若年月時中支干內有
水, 則辛無官也. 壬寅或別位, 帶將亥子辰水來, 即木濕也,
故木濕則無官, 源濁伏吟是也.

가령 辛 金이 甲 木을 보고 辛 金이 甲 木을 극하면, 甲 木에서
丙 火가 나와 丙과 辛이 합하여 辛 金이 관인을 본다. 그러나 火를
보지 않고 甲 木을 보아도 甲 木은 丙 火의 어미니 火의 뿌리가 된
다. 마땅히 태어난 날이 辛 金 일이면 歲月時 안에 木이 있어야 하
므로, 辛 金이 甲 木을 극하면 甲 木 중의 火가 있게 된다. 그러나
年月時 중의 간지 안에 水가 있으면 辛 金은 無官이 된다. 壬寅은
혹 다른 위치에 亥子辰의 水가 오면 습목이 되므로, 따라서 木이
습하면 무관이 되니 근원이 탁한 복음이 이것이다.

如見庚合, 庚尅木, 乙木生丁火, 丁乃庚之官印. 若癸卯歲
月時上有水, 則乙木濕而尅之, 無煙也. 只是金見木爲財, 有
財而無官, 金木皆不能成器. 賦云 "金木未能成器, 聽哀樂以

難名"76)也. 是火主禮, 有禮則有君子, 有君子則有官印也.
無禮則小人也, 無官則不貴也. 賦云 "源濁伏吟, 惆悵於歇宮
之地".77) 寅卯乃火生之地, 是木而無火, 故惆悵也. 又與 "聞
喜不喜"同矣. 其餘五行倣此, 亦用生日支干爲主. 此論庚辛
日生人也.

　庚 金의 합을 보면, 庚 金이 木을 극하여도 乙 木은 丁 火를 생하
니 丁은 庚 金의 관인이 된다. 만일 癸卯의 歲·月·時 위에 水가
있으면 乙 木이 습하기 때문에 극하여도 연기가 나지 않는다(火
가 만들어지지 못하는 것은 水가 있기 때문이다). 단지 金이 木을
보니 재가 되는 것일 뿐, 재는 있으나 무관이 되니 金과 木 모두
완성된 그릇이 될 수 없다. 부에서 "金과 木은 그릇으로 완성되지
못하면, 슬픔과 기쁨을 들어도 시비를 가리기 어렵다."고 하였다.
이는 火는 예의를 주관하니, 예의가 있으면 군자이고 군자면 관
인이 있는 것이다. 예의가 없으면 소인이고 무관이며 귀하지 않
은 것이다. 부에 "근원이 탁하면 복음이고, 관이 다하여 끝난 땅
에서 원망하며 슬퍼한다."고 하였다. 寅과 卯는 火의 생지이고 木
이지만 火가 없으므로 원망하며 슬퍼하는 것이다. 또한 "기쁜 소
식을 들었어도, 기쁘지 않은 것"과 같은 것이다. 그 나머지 오행

---

76) 金木未能成器, 聽哀樂以難名: 『낙록자부주』 하권 26장에 나온다.

77) 歇宮之地: 사고전서본에는 "歇官之地"로 되어 있다. 『낙록자삼명소식부주』 신문풍 본에 근거
　하여 수정하였다. 『낙록자부주』 하권 50장에도 "歇宮之地"로 나오니 "歇宮之地"의 誤字로 보
　고 고쳐 번역하였다.

도 이와 같아, 역시 생일 간지를 쓰는 것이 중요하다. 여기서는 庚 金과 辛 金 일에 태어난 사람을 논하였다.

---

12. 聞朝歡而旋泣, 爲盛火之炎陽; 尅禍福之賒遙, 則多
因於水土.

아침에 기쁜 소식을 듣고서 곧바로 우는 것은 왕성한 火의 뜨거움 때문이고, 화복을 극함이 느긋한 것은 대체로 水와 土 때문이다.

自 "從魁抵蒼龍之宿"[78] 已下, 不獨運中災福, 而又明相濟 而爲得失, 在學人可深求之也.

"종괴가 창룡의 별자리에 드리운다."의 이하부터는, 運中의 災 福 뿐만이 아니라 또 서로 구제하면 득실이 있는 것을 명확히 밝 힌 것이니, 깊게 탐구하는 것은 학인에게 달려있다.

"聞朝歡而旋泣"者, 言火星高明, 而好炎上也. 明萬物者, 莫盛乎火, 故云 "爲盛火之炎陽". 鬼谷子曰 "木火性本上".

---

78) 從魁抵蒼龍之宿: 『낙록자부주』 하권 20장에 나온다.

"아침에 기쁜 소식을 들었으나 돌아서서 곧 운다."고 하는 것
은, 火의 성질은 높고 분명하므로 위로 타오르는 것을 좋아 하기
때문이다. 만물을 분명하게 밝히는 데에 있어 火 만한 것이 없기
때문에 왕성한 염양이라고 하였다. 귀곡자는 "木과 火의 성질은
위로 오르는 것이 근본이다."라 말한다.

"尅禍福之賒遙", 賒者, 遠也; 又遙者, 遠之甚也. 此言水土
之性沉伏而趨下也, 故云 "多因水土". 鬼谷子曰 "水土性本
下", 正比意也.

"화복의 멀고 깊은 것을 극한다."에서 사란 먼 것이요, 또 요란
먼 것이 더욱 깊은 것이라. 이는 水土의 성질은 얻지 못하고 침체
되고 아래에서 움직여 가는 것을 말하는 것이므로, "水와 土로 인
한 것이 많다."고 하였다. 귀곡자는 "水와 土의 성질은 아래로 내
리는 것이 근본이다."라 하였으니, 바르게 헤아린 뜻이다.

---

13. 金木未能成器, 聽哀樂以難名: 似木盛而花繁, 狀密
雲而不雨.

金과 木이 그릇을 이루지 못하면, 슬픔과 기쁨을 들어도 이
름 붙이기 어렵다. 나무가 무성하나 꽃만 많음과 유사하고, 구
름이 빽빽하지만 비는 내리지 않음과 비슷하다.

言金者則尚木, 金得用而木乃成, 是以剛濟柔也. 言木者能
尚金, 木成器而金得著, 仁者必有勇也. 若有金而無木, 勇而
無禮則亂; 有木而無金, 則庚辛虧而義寡. 金者西方之器也,
主哀; 木者東方之物也, 主樂. 樂而不淫者, 木遇金也; 哀而
不傷者, 金得木也. 凡此者, 皆大人之命也. 若明水火之歸中,
用乎金木之間隔, 由是哀樂不能動其心, 乃方外難名之人也.

金이 木을 높인다 하는 말은 金이 쓰임을 얻어서 木을 완성시
키는 것이니, 강으로써 유를 구제하는 것을 말한다. 木은 능히 金
을 도울 수 있다는 말은 木은 그릇이 되고 金은 드러냄을 만족히
여기는 것으로서, 仁하려면 반드시 용기가 필요한 것을 말한다.
만약 金은 있으나 木이 없으면 용기는 있으나 무례하여 혼란하
고, 木은 있으나 金이 없으면 庚과 辛 金이 어긋나서 의리가 부족
하게 된다. 金은 서방의 그릇이고 슬픔을 주관하고, 木은 동방의
물건이고 기쁨을 주관한다. 즐겁지만 도리에 어긋나지 않음은 木
이 金을 만난 것이고, 슬프지만 상처받지 않음은 金이 木을 얻었
음이다. 이는 모두 대인의 명이다. 만약 水와 火의 귀중을 분명히
하고 金과 木의 간격에 쓰임이 있다면, 슬프고 기쁜 것으로 그 마
음을 움직이지 않을 수 있기 때문에 방외에서는 그 시비를 가리
기 어려운 사람이다.

人命有偏陰偏陽之命. 似木盛而花繁者, 偏陽之謂也, 是五行逐末趨時, 知進而不知退也. 狀密雲而不雨[79]者, 偏陰之謂也, 如此者, 豈能有濟物之功哉? 大率人命須要五行制尅, 陰陽兩停, 則爲應格之命. 故下文云.

사람의 명에도 편음과 편양의 명이 있다. 나무가 무성하여 꽃만 번성한 것을 '偏陽'이라 하는데, 이는 오행이 말단을 쫓고 時를 뒤쫓아서 나아갈 줄만 알고 물러날 줄은 모르는 것이다. 구름이 짙게 드리운 채 비는 내리지 않는 것을 '偏陰'이라 하니, 이렇다면 어찌 만물을 다스려서 공을 이룰 수 있겠는가? 대체로 인명은 반드시 오행의 극제가 필요하고 음과 양 둘 모두가 있어야 응당한 격의 명이 된다. 따라서 다음 글에 말한다.

---

14. 乘軒衣冕, 金火何多? 位劣班卑, 陰陽不定.

수레에 올라타고 면류관을 썼으니 金과 火가 얼마나 많은가? 지위가 낮고 반열이 천하니 음양이 일정하지 않은 때문이다.

前論水火以相濟而成慶, 次論金爲木官鄕. 是知水貴升, 火貴降, 火要濟柔爲剛, 金要損剛益柔, 則互用而爲慶. 其間獨

---

79) 密雲而不雨:『주역』의 雷山 小過卦(䷽)에 보인다.

有金剛火强, 不可不知也. 故賦云 "乘軒衣冕[80)"者, 皆君子
之器也, 亦須要金火兩停者能之. 金, 至堅之物也, 非盛火則
不能變其質; 火, 至暴之物也, 非銳金則無以顯諸用. 金火兩
存, 則有鑄印之象, 皆大人之事也.

앞에서 水火는 서로 도와줌으로써 경사로움이 생긴다고 논하
였고, 다음은 金이 木의 관향이 되는 것을 논한다. 이는 水는 위
로 올라가야 귀하고 火는 아래로 내려가야 귀하다는 것을 알 수
있고, 火는 유하게 도와야 강이 되고 金은 강을 덜어내고 유함으
로 보태야 하는 것으로서 서로 쓰임이 있어야만 경사롭게 된다.
그 사이에 단연 金은 강강하고 火는 강함이 있음을 모르면 안 된
다. 따라서 부에서 "수레에 올라타고 면류관을 썼다."는 것은 모
두 군자의 그릇이며, 역시 金과 火 둘이 같이 함께 있어야만 가능
할 수 있음을 말한 것이다. 金은 지극히 굳고 단단하므로 왕성한 火
가 아니면 그 성질을 변화시킬 수 없고, 火는 지극히 사납고 급하므
로 金이 날카롭지 않으면 쓰임이 현저히 드러날 수 없다. 金과 火가
모두 있으면 鑄印(주인: 쇠도장)의 상으로서 모두 대인의 일이다.

或火多而金少, 或金多而火寡, 皆爲凶暴之命也. 金旺於西
方, 火旺於南方, 各恃其勢, 則爲自刑之刑. 如此之命, 雖曰

---

80) 乘軒衣冕: 『낙록자부주』 하권 27장에 나온다.

時有用, 終歸於位劣班卑而已. 非純和之氣也, 是陰陽不能得定分故也. 火陽也, 金陰也, 旣陰陽兩偏, 則貴賤高卑無所定著也. 況有金而無火, 有火而無金者, 皆爲凶徒之命.

혹 火는 많으나 金이 적고 金은 많으나 火가 부족하면, 모두 흉악한 명이다. 金은 서방에서 왕하고 火는 남방에서 왕하니 각자 그 세력에 의지하면 自刑의 刑이다. 이러한 명은 비록 일과 시에 쓰임이 있을지라도 결국 비천한 지위로 돌아갈 뿐이다. 서로 화합하지 못하는 기운은 음양의 定分(정분: 자연적으로 정해진 운명)을 얻을 수 없기 때문이다. 火는 양이고 金은 음인데, 이미 음양이 모두 치우쳐 있으면 귀천이나 높고 천함은 분명히 정해지지 않는다. 더군다나 金은 있는데 火가 없고 火는 있는데 金이 없다는 것은, 모두 흉악하고 사나운 무리의 명이 된다.

---

15. 所以龍吟虎嘯, 風雨助其休祥; 火勢將興, 故先烟而後焰.

그러므로 용이 읊조리고 호랑이가 울부짖음에는 바람과 비가 그 상서로움을 돕는데, 불의 기운이 장차 일어나려 하므로 먼저 연기가 나고 나서 불꽃이 피어난다.

『易』曰 "雲從龍, 風從虎",81) 此自然之理也. 亦是陰陽洽
合, 五行唱和之義.

『역』에 "구름은 용을 따르고, 바람은 범을 따른다."고 말한 것
은, 자연의 이치이다. 역시 음양이 어울려 합하는 것은, 오행이
노래로 서로 화합하는 의미이다.

火勢將興, 故先煙而後焰者, 此亦明陰陽氣順而有次序也,
此與 "其爲氣也"不殊.

불의 기운이 장차 일어나려 할 때 먼저 연기가 나고 나중에 불
꽃이 핀다는 것은, 이 또한 음양의 기가 순하면 분명히 다음 순
서가 있음을 밝힌 것이다. 이는 (앞부분 4장 에서 말한) "기위기
야"와 다르지 않다.

---

16. 每見凶中有吉, 吉乃先凶; 吉中有凶, 凶爲吉兆.

매번 보니, 凶 가운데 吉이 있어 吉은 凶에 앞서고, 吉 가운데
凶이 있어 凶은 吉의 조짐이 된다.

---

81) 雲從龍, 風從虎: 『주역』의 첫 번째 건괘(䷀)에 보인다.

此復明氣順之理也, 屈伸寒暑, 莫不有道焉. 且如前論 "從魁抵蒼龍之宿", 言 "財自天來"者, 吉也. 是酉中辛尅辰中乙木爲財也, 辰乃水鄉, 復能奪辛金之官, 論財却不闕而失官也, 故凶. "太衝臨昴胃之鄉, 人元有害"[82]者, 凶也, 却木用金爲官印, 則不背官祿, 凶中反吉也.

이는 氣의 순한 이치를 분명히 한 것으로, 굽히고 뻗고 춥고 더움에 도가 있지 않은 곳이 없다. 예를 들면 앞서 "종괴가 창룡의 별자리에 드리운" 것을 논할 때 "財가 하늘로부터 온다."고 말한 것은 吉한 것이다. 이는 酉 중의 辛 金이 辰 중의 乙 木을 극하면 財가 되고 辰은 수향이니 다시 辛 金의 관을 뺏을 수 있어, 財는 오히려 잃지 않지만 官을 잃는 것을 논하기 때문에 흉이다. "태충이 묘위의 향에 임하면 인원에게 해가 있다."는 것은 흉이지만, 오히려 木은 金을 관인으로 삼으니 관록을 등지지 않으면 흉한 가운데 반대로 길함이다.

賦意始於說運, 次議五行, 五行之後再詳言之. 每見凶中有吉, 吉乃先凶; 吉中有凶, 凶爲吉兆. 又如火人行水運, 則是七煞, 凶也; 或用水爲官, 吉也. 水人行巳午運, 南方獲利爲財, 吉也, 却下有戊己七煞, 凶也. 如此極多, 要後人深造之,

---

82) 太衝臨昴胃之鄉, 人元有害: 『낙록자부주』 하권 21장에 나온다.

以根本取最重者言之爲妙.

賦의 뜻은 운을 설명하는 것에서 시작하여 다음에는 오행을 논하였고 다시 오행의 뒤를 상세히 말하였다. 매번 보니 흉함 가운데 길함이 있고 길은 흉에 앞서고, 길 중에 흉이 있고 흉은 길의 조짐이 되었다. 또 마치 火 人이 水 운으로 행하면 칠살이 되므로 흉이지만, 혹 水를 관으로 쓰면 吉이 된다. 水 人이 巳·午 운으로 행하면 남방에서 커다란 이득을 얻어 재물이 되니 길하나, 오히려 아래에 戊·己 土가 있으면 칠살이 되므로 흉이 되는 것이다. 이와 같은 것은 매우 많으니 후인들은 깊이 深造(심조: 깊은 경지에 도달함)해야 하며, 가장 중요한 것은 근본을 골라 뽑아 말해야 묘하다.

17. 禍旬向末, 言福可以迎推; 纔入衰鄕, 論災宜其逆課.
男迎女送, 否泰交居, 陰陽二氣, 逆順折除.

10년 주기의 禍가 끝을 향해 있다면 福을 말할 때 맞이할 것으로 추측할 수 있고, 이제 막 쇠향에 들어갔다면 재앙을 논할 때 거꾸로 헤아리는 것이 마땅하다. 남자는 맞이하고 여자는 보내며 否卦와 泰卦는 교차해서 있으니, 음과 양 두 氣는 역과 순으로 절제한다.

如見在凶運十年終滿, 前交吉運者, 若當生年月氣深, 或行
年太歲扶助, 向祿臨財者, 更不須直待交吉運. 只在此運, 便
可發福之慶, 是可迎祥而推之也.

흉한 운 10년이 가득 차서 끝나고 길한 운과 만나기 전이라도,
만약 태어난 해의 월의 기운이 깊거나, 혹 행년 태세가 돕고 록
을 향해 재에 임하고 있으면 길한 운과 만나기를 기다릴 필요가
없다. 오직 이런 운이면 발복하여 경사로우니 그 복을 맞이하여
따를 뿐이다.

纔入衰鄉, 人命久歷福地, 方交肯祿財絶之運, 固難言其吉,
然未可便言凶也, 是論灾宜逆課也. 是知福深而禍淺也. 更或
行年太歲五行三命別位有用而來朝運, 與生日扶同者, 宜其
逆課也. 更有當生節氣淺深之論, 不可不知也, 故下文有云.

이제 막 쇠향에 들어갔다는 것은, 인명이 오랫동안의 복지를
지나서 이제 막 록을 등지고 재물이 끝난 운을 만나면 진실로 길
하다 말하기는 어렵지만 흉이라 할 수도 없으니, 재앙으로 논할
때도 마땅히 반대의 결과이다. 이것으로 복이 깊으면 화가 얕음
을 알 수 있는 것이다. 도리어 행년 태세의 오행과 삼명이 다른
자리에서 쓰임이 있고, 운에서 來朝(내조: 찾아와 만남)하여 생일

을 도우면 마땅히 그 결과는 바뀐다. 또한 태어났을 때 절기의 深淺에 대한 논의가 있어서 모르면 안 되기 때문에, 그래서 다음 글에 말한다.

男迎女送者, 陽男陰女運順行也. 然一運十年, 更分前後五年之中, 凡入吉運得節氣深, 男迎者, 前五年發福是, 謂男迎也; 女送者, 後五年方吉也, 故謂之女送. 此與陰男陽女不殊. 大運者, 氣之所主也. 謂如甲子日生人, 九月下旬生陽命男, 四歲運, 二十五歲交丑運, 是甲祿庫之運, 九月氣深, 發福在五年也.

남자는 받아들이고 여자는 보낸다는 것은, 양남음녀의 운이 순행하는 것이다. 일 운은 10년이고 다시 전후의 5년으로 나누는 중에, 대개 길운에 들고 절기가 깊으면 男迎으로 앞의 5년에서 발복하니 남영이라 하고, 女送이라는 것은 뒤의 5년에서 비로소 길하므로 여송이라 말한다. 이는 음남양녀도 다르지 않다. 대운은 기가 주관하게 된다. 甲子 일에 태어난 사람이 9월 하순에 태어난 음명 남자일 때, 4세 대운이면 25세에 丑 운과 만나게 되고 甲 木의 祿庫의 운이고 9월의 기가 깊으므로 5년 동안 발복하게 된다.

否泰交居也, 此論小運之氣也. 寅爲三陽化起泰卦,[83] 故小
運起丙寅; 申爲三陰生處否卦,[84] 女小運起壬申, 此陰陽否泰
交居.

否와 泰가 번갈아 머문다고 한 것은, 여기에서 소운의 기를 논
함이다. 寅에서는 三陽이 변화하여 태괘를 일으키므로 소운은 丙
寅에서 시작되고, 申에서는 삼음이 변화하여 비괘를 일으키니 여
자의 소운은 壬申에서 시작되니, 이는 음양의 비태교거이다.

各分逆順折除者, 大運三日爲一年, 小運一年移一宮, 積十
三年二運併度一周天, 此合閏餘之數也.

각각 逆과 順으로 자르고 버린다는 것으로 구분되는 것은, 대
운은 3일이 1년이고 소운은 1년마다 하나의 궁을 움직여 옮기므
로 13년이 쌓여 두 운(대운과 소운)이 함께 한 번 공전하니, 이를
합하여 남는 수가 閏餘(윤여: 윤달)가 된다.

---

83) 泰卦: 泰卦는 地天 泰 (䷊)로서 너그럽고 편안함을 뜻하며, 하늘과 땅이 서로 사귐을 나타낸다.
84) 否卦: 否卦는 天地 否(䷋)로서 막히고 약함을 뜻하며, 하늘과 땅이 사귀지 못함을 나타낸다.

18. 占其金木之內, 顯於方所分野; 標其南北之間, 恐不
　　利於往來. 一旬之內, 於年中而問干; 一歲之中, 求
　　月中而問日.[85] 向三避五, 指方面以窮通; 審吉量
　　凶, 述歲中之否泰.

　　그 金木[동서] 안을 차지하면 해당 방위의 분야에서 빛나고,
그 남북[水火] 사이에 드러나면 왕래하기에 불리할까 두렵다.
一旬[86](10년) 내에서는 년 안에서 천간을 찾고, 1년 중에는 월
을 향해 일을 구한다. 세 가지를 향하고 다섯 가지는 피하여
방면에 따라 궁통한 것을 가리키고, 길함을 살피고 흉함을 헤
아려 한 해 안의 비(화)태(복)를 펼친다.

　　又有 "占其金木之內", 顯其方所分野. 占, 音占, 去聲. 入
著當生歲月日時所占, 後運逢金木方所分野, 則顯其發福也.
且如木用金爲官印, 陽命男運出未入申, 陰命男運出亥入戌,
是向祿臨財於金木分野之際也. 又如金用木爲財, 陽命男運
出丑入寅, 陰命男運出巳入辰, 是向祿臨財在木火方所之中
也. 更加之以太歲月令氣候扶同而言之, 則尤妙.

---

85) 求月中而問日: 『낙록자부주』에는 "向月中而求日"로 되어 있다.
86) 一旬: 一旬에 대한 설명으로 王喬子晋의 『新雕注疏珞琭子三命消息賦』에서 東方明은 "一旬是本
　　旬甲子也."라 하였다.

또 "金·木[동서] 안을 차지한다."는 것은 해당 방위의 분야가 드러나는 것이다. '占'은 소리는 '점'이고 거성이다. 태어난 歲·月·日·時에서 (金·木이) 차지하고 있고 나중에 운에서 金·木 분야를 만나면, 그 발복이 뚜렷이 드러난다. 또 木은 金을 관인으로 쓰니, 양명 남자의 운이 未에서 나가 申으로 들어가고 음명 남자의 운은 亥에서 나가 戌로 들어오면, 이는 金·木 분야인 록을 향하고 재에 임하는 것이다. 또 金은 木을 재로 쓰니, 양명 남자의 운이 丑에서 나가 寅으로 들어가고 음명 남자의 운이 巳에서 나가고 辰으로 들어가니, 이는 木·火 방소의 가운데서 록을 향하고 재에 임하는 것이다. 다시 태세의 월령과 기후가 함께 도와주면 더욱 묘하다.

標對本, 又有標準之義, 則是命基本也. 南者, 顯明而往也; 北者, 歸向而來也. 此言運氣出入動靜, 或吉或凶, 不可輕言也, 或遇交運之年, 不可輕擧也. 凡言命運動靜出處, 當入神詳謹而言之, 一失其源, 則無所利也. 自此以後, 論歲中禍福, 故下文云云.

標는 本과 상대됨이요 또 標準(표준: 사물을 처리하는데 의거할 만한 일정한 방식)의 의미가 있으니, 이는 명의 기본이다. 南은 분명히 드러나서 가는 것이고, 北은 향하여 따라서 오는 것이다.

이는 운기의 출입과 동정을 말하는 것으로, 길하다거나 흉하다고 가볍게 말할 수 없고, 또한 운이 교차하는 해는 가볍게 들춰내서 말 할 수 없다. 명운에서 동정의 출처를 말 할 때는 마땅히 신의 경지에 들 때처럼 자세하고 엄중히 해야 하니, 근원을 한 번 잃게 되면 얻을 것이 없음이다. 이후로부터는 歲의 禍福을 논하므로, 따라서 다음 글에서 말한다.

一句之內, 於年中而問干者, 是月中求日也; 一歲之中, 求月中而問日者, 是年中求月也. 向三背五者, 是歲中求吉利方所也. 凡坐作進退向吉背凶, 莫大於此矣.

一 旬(일순: 10년) 동안은 년 안에서 간을 묻는다고 하는 것은 1년 중에서는 월을 향해 일을 구한다는 것이고, 일 년 중에서는 월 안에서 일을 묻는다고 하는 것은 1년 안에서 월을 구한다는 것이다. 3은 향하고 5는 등지는 것이란, 일 년 중에서 길하고 이로운 방위를 구하는 것이다. 앞서서 진퇴와 向吉과 背凶을 결정하는데, 이보다 더 큰 것은 없다.

一旬, 十日也; 年中者, 生日也. 凡在一月之中, 一旬之內, 將生日天元配合而言之, 則知其日中休祥也, 是立生日以爲主也. 一歲之中者, 取月令以生元配合[87]而言之, 則知其月中休咎也. 且如人生得地, 而須太歲爲尊, 是一歲之中求生月帶祿, 或官印元有元無, 是月中而問日也. 此看命總法也.

일순은 10일이고, 년 중은 생일이다. 한 달 중에서도 열흘 안에서 곧 생일의 천원이 서로 짝하면, 그 날(日)의 休祥(휴상: 경사로운 징조)을 알게 되니 생일이 주가 되는 것이 정해짐이다. 一歲之中은 월령을 취하여 생원을 배합하는 말이니, 월의 休咎(휴구: 吉凶)를 알게 된다. 만일 사람이 태어날 때 득지하면 마땅히 태세가 존하니, 이는 일세지중에서 생월에 록이 있거나 혹 관인이 원래 있느냐 없느냐를 보는 것으로, 월에서 일을 묻는 것이다. 이것이 간명의 총법이다.

又以行年歲運言之, 且如壬寅日生人, 遇辛未歲, 是謂宅墓. 壬用己爲官印, 歲位未中有己, 此年宜利見大人; 壬用丁爲財帛, 未中有丁, 此年因貴人獲財利. 或問曰: "財官在歲中, 甚月日得之?" 答曰: "自巳至戌, 吉無不利." 此亦是歲中問日, 他准此. 或動靜出處者, 即向行年天醫·福德·生氣三方爲言, 其餘五鬼不可往也.

또 행년 세운을 말할 때 만일 壬寅 일에 태어난 사람이 辛未년을 만나면 택묘라고 말한다. 壬 水는 己 土를 관인으로 삼으니 세

---

87) 生元配合: 『三命通會·消息賦』에는 "生剋配合"으로 되어 있다.

의 자리에 있는 未 중에 己 土가 있으니 이 해는 마땅히 대인을 만나서 길하고, 壬 水는 丁 火를 재백으로 삼으니 未 중의 丁 火가 있으니 이 해는 귀인으로 인하여 재물과 이익을 얻게 된다. 혹은 "재관이 歲 안에 있다면 어느 월과 일에 얻을 수 있겠는가?" 하고 묻는다면 답하기를 "巳로부터 戌에 이르기까지 吉하고 不利함이 없다."고 한다. 이 역시 歲 중에서 日에 묻는 것으로, 다른 것들도 이에 따른다. 또 동정의 출처는 행년이 천의와 복덕과 생기의 세 방향으로 향하는 것을 말하니, 그 나머지 오귀는 갈 수 없다.

---

19. 壬癸乃秋生而冬旺, 亥子同途; 甲乙乃夏死而春榮, 寅卯一類.

壬과 癸 水는 가을에 생하여 겨울에 왕성하니 亥와 子도 동일하고, 甲과 乙 木은 여름에 死하고 봄에 피니 寅과 卯도 한 가지이다.

乍擧求勝無非祿馬同鄕. 始論壬癸亥子, 次論甲乙寅卯, 卑辱尊榮, 故貴居强坐實. 此言水數一, 水生木, 木生火, 故受之於丙寅・丁卯, 以言其有序也.

잠시의 승리를 구하는 것도 록마동향이 아닌 것이 없다. 처음을 壬・癸 水와 亥・子로 논하고 이어서 甲・乙 木과 寅・卯로 논하는 것은, 낮은 것은 욕되고 높은 것은 영화롭기 때문으로 강한 곳에 머물고 실한 곳에 앉아야 귀하기 때문이다. 이는 水의 숫자가 1이니 水生木하고 木生火하므로, 丙寅과 丁卯에서 이어 받기 때문에 차례가 있다는 말이다.

---

20. 丙寅・丁卯, 秋天宜以保扶[88]; 己巳・戊辰, 度乾宮而脫厄.

丙寅과 丁卯는 가을에 잘 보전하는 것이 마땅하고, 己巳와 戊辰은 건궁을 지나며 액을 벗는다.

火者, 南方之氣也, 萬物亨會之方, 物盛且極, 不可不戒. 故云 "秋天宜以保持"也. 金者, 西方之氣也, 乃藏萬物之辰, 太上曰 "萬物芸芸, 各歸其根"是也.

火는 남방의 기운으로 만물이 모여 들어 형통하나, 만물이 무성하게 되면 장차 다하여지니 마땅히 경계하지 않을 수 없다. 때문에 "가을(金)에 잘 보전하는 것이 마땅하다."고 하였다. 金은 서

---

88) 秋天宜以保扶: 사고전서본에는 "秋天宜以保扶"로 되어 있다. 신문풍 본에 근거하여 수정하였다.

방의 기운이고 만물을 감추어 주는 자리이니, 太上[89])이 말하길 "만물은 무성하고 화려하였다가도, 각기 그 뿌리로 돌아간다."[90]) 고 한 것이 이것이다.

保持者, 土也, 能持載萬物, 藉之以爲生者也. 四象不可無 土, 故下文云 "己巳 · 戊辰, 度乾宮而脫厄"也.

잡아서 간직하고 있다는 것은 土이고, 능히 만물을 실어 보존하고 의지하여 생하게 하는 것이다. 四象은 土가 없으면 불가하므로 다음 글에서 "己巳와 戊辰은 건궁을 지나야 액을 벗어난다." 고 하였다.

---

21. 値病憂病, 逢生得生. 旺相崢嶸, 休囚滅絶; 論其眷屬, 憂其死絶.

병을 만나면 병을 걱정하고, 생을 만나면 생을 얻는다. 왕상한 때는 쟁쟁하고, 휴수한 때는 절멸한다. 권속을 논함에 있어서는 사와 절이 됨을 걱정한다.

---

89) 太上: 太上은 太上老君이라고도 말하며, 道敎에서 老子를 높이는 존칭이다.
90) 萬物芸芸, 各歸其根: 『도덕경』 上篇 16章에 "萬物竝作, 吾以觀其復, 夫物云云, 各復歸其根"으로 보인다.

如壬寅人要丙丁爲妻財, 戊己爲官印, 庚爲壬之母, 乙爲壬
之子. 又如大運到火旺處, 父旺; 庚旺處, 母旺. 若運在衰病
處, 逐類而言之. 若運到墓絶之上, 更逢七殺併者, 是乃危疑
而凶也.

壬寅 人은 丙·丁 火를 처재로 삼고 戊·己 土를 관인으로 삼으
니, 庚 金은 壬 水의 어미가 되고 乙 木은 壬 水의 자식이 된다. 또
대운이 火가 왕성한 곳에 이르면 아비가 왕하고, 庚 金이 왕한 곳
이면 어미가 왕하다. 만약 운이 쇠하고 병처에 있으면, 그 무리를
따라 말한다. 만약 운이 묘와 절이 되어 약한 곳에 이르고 다시
칠살을 함께 만나면, 재앙이 의심스럽고 흉하다.

---

22. 墓在鬼中, 危疑者甚; 足下臨喪, 面前可見.

묘가 鬼 안에 있으면 厄이 있을까 심히 의심되고, 발아래에
喪이 임하면 눈앞에서 볼 수 있다.

庫絶位逢鬼, 或流年歲命前後一辰也. 若人生時辰生日犯
之, 則主早尅父母也, 及有生離遠地. 或生日生時之干來尅太
歲下者尤凶. 面前可見者, 言其爲凶運.

庫나 絶한 자리에서 귀를 만나거나, 혹 유년에서 명의 전후에 있는 일진이다. 만일 태어나면서 시진이 생일을 범하면 일찍 부모를 극하고, 살아 있으면 멀리 떨어지게 된다. 또는 생일과 생시의 천간이 태세의 지지를 극하면 더욱 흉하다. 面前可見(면전가견: 눈앞에서 볼 수 있다)이라 하는 것은, 흉한 운이 되는 것을 말한다.

---

23. 憑陰察其陽禍, 歲星莫犯於孤辰; 恃陽鑒以陰灾, 天年忌逢於寡宿.

음에 기대어 그 양의 화를 살피니 세성은 고진을 범하지 말아야 하고, 양에 의지하여 음의 재앙을 경계하니 천년은 과숙에서 만나는 것을 꺼린다.

陰以陽爲對, 陽以陰爲耦. 如說陽卦多陰, 陰卦多陽, 其理一也. 旣知其陰, 則陽亦可知也. 陰旣得時而有立, 則陽禍可知矣. 故 "憑陰察其陽禍"也.

음은 양과 상대이고, 양은 음과 짝이다. 만약 陽卦에는 음이 많고 陰卦는 양이 많다고 말한다면, 그 이치는 하나이다. 이미 그 음을 알고 있으면 양 역시 알 수 있는 것이다. 음이 이미 때를 얻어서 자리를 잡으면 양의 禍를 알 수 있다. 때문에 "음에 기대어 그 양의 화를 살핀다."고 한다.

歲星者, 太歲也, 不可在孤神之上. 假令寅卯辰人遇太歲在巳是也. 寅人勾絞, 卯人喪弔, 辰人謂之控神殺, 又謂之邀神殺, 主阻礙抑塞.

세성은 태세이고 고신이 있으면 안 된다. 가령 寅·卯·辰 人이 태세에서 巳를 만나는 것이 이것이다. 寅 人에게는 구교, 卯 人에게는 상조, 辰 人에게는 공신살 또는 요신살이라 말하며, 주로 장애가 많고 하는 일이 막혀서 안 된다.

天年者, 亦太歲也, 不可在寡宿之上. 又如寅卯辰人遇太歲在丑是也. 辰人勾絞, 卯人喪弔, 寅人謂之窺神殺, 又謂迫神殺, 主人窺竊 逼迫陷害. 其或三元刑戰, 歲運不和, 或是五行財祿爲害之年, 則尤爲凶甚.

천년은 또한 태세이니 과숙의 위에 있으면 안 된다. 또 寅·卯·辰 人이 태세가 丑에 있는 것을 만나는 것이 이것이다. 辰 人에게는 구교, 卯 人에게는 상조, 寅 人에게는 규신살 또는 박신살이라 말하며, 주로 몰래 도둑질 당하고 형편이 줄어들고 남을 재해에 빠지게 한다. 또는 삼원의 형전으로 세운과 불화하거나, 오행의 재록이 해를 받는 해가 되면 흉이 더욱 심하다.

---

24. 先論二氣, 次課延生. 父病推其子祿, 妻灾課以夫年.

먼저 이 기를 논하고, 그다음에 연생으로 헤아린다. 아비의 병은 그 자식의 록으로 추측하고, 처의 재앙은 지아비의 년으로 헤아린다.

二氣者, 陰陽也. 延生者, 命運也. 分別陰陽, 旣分命運, 自然響應.

이 기는 음양이고, 연생은 명운이다. 음양을 나누어 가려보면 명과 운으로 나누어지고, 저절로 서로 응하고 어울린다.

父病推其子祿, 妻灾課以夫年, 亦是明陰陽進退之象也. 假令庚辰人十月生, 庚金病在亥, 是父母病也. 庚生壬爲子, 壬祿在亥, 是子有祿也. 妻灾課以夫年者, 庚以乙爲妻, 大運到巳, 乙木敗於巳, 是妻灾也. 而庚金復得延年. 是妻灾課以夫年, 此大槩之論也.

아비의 병은 그 자식의 록으로 추측하고, 처의 재앙은 지아비의 년으로 헤아린다고 하는 것은, 역시 음양의 나아가고 물러가는 모양이 분명하게 나타남을 말하는 것이다. 庚辰 人이 10월에 태어났을 때, 庚 金이 病地인 亥에 있으니 부모의 병이다. 庚 金은 壬 水를 생하니 자식이 되며, 壬 水의 록은 亥에 있으니 자식에 록에 있는 것이다. 처의 재앙은 지아비의 년으로 헤아린다고 함은 庚 金은 乙 木을 처로 삼고 대운이 巳에 이르면 乙 木은 巳에서 패지가 되니 처의 재앙이 된다. 그러나 庚 金은 다시 延年(연년: 수명을 연장 함)을 얻는다. 이것은 처의 재앙은 지아비의 년으로 헤아리는 것의 대강을 논한 것이다.

假令丙戌日生人, 下取辛爲妻年, 辛生癸爲子, 却行亥子運, 丙到亥子, 則衰病而癸祿厚也. 如壬癸日生人, 行亥子運, 則父母災病, 或丁憂也. 又丙以辛爲妻, 運行寅卯, 辛金絶於寅卯, 則妻災也. 却丙火逢生, 是夫却得延年也. 如丙丁日生, 運行寅卯者, 則災或喪偶也. 其餘准此.

가령 丙戌 일에 태어난 사람이 아래에서 辛 金을 취하여 처가 되는 해는 辛 金은 癸 水를 생하여 자식이 되니, 亥·子 운으로 행하여 丙 火가 亥·子에 이르면 쇠지와 병지가 되지만 癸 水의 록은 두터워진다. 壬·癸 水 일에 태어난 사람이 亥·子 운으로 행하면 부모에게 재해와 질병이 생기거나 丁憂(정우: 부모의 喪事를 당함)를 걱정한다. 또 丙 火는 辛 金을 처로 삼으니 寅·卯운으로 행하면, 辛 金은 寅·卯에서 절지가 되니 처의 재앙이 된다. 오히려 丙 火는 생을 만나니 지아비는 오히려 연년을 얻는다. 丙·丁 일에 태어난 사람의 運이 寅·卯로 행하게 되면 재앙이나 초상이 나는 것이다. 그 나머지도 이에 준한다.

---

25. 三宮元吉, 禍遲可以延推; 始末皆凶, 災忽來而迅速.

삼궁이 원길하면 화를 늦추어 연기할 수 있고, 시작과 끝이 모두 흉하면 재앙이 갑자기 오며 신속하다.

前論陰陽之始終, 此說人命有吉凶. 如命內天元·人元·支元內外歲月時中値貴祿, 不居休敗, 或値行年太歲運同乖危之地,[91] 雖是凶運, 然亦可推禍以遲延也. 夫何故? 以根基主本三元元吉故也.

앞에서는 음양의 시작과 끝을 논하였고, 여기서는 人命에 길흉이 있음을 설명 한다. 명 안의 천원·인원·지원과 내외의 歲·月·時가 귀록에 놓이면서 휴패에 머물지 않으면, 혹 행년과 태

---

91) 行年太歲運同乖危之地: 『낙록자삼명소식부주』 신문풍 본에도 동일하게 되어 있다. 한편 『삼명통회·소식부』에는 "行年太歲運命乖危之地"로 되어 있다.

세의 운이 乖危한 곳을 만나 비록 이것이 凶運이라도 또한 禍를 밀어서 더디게 할 수 있다. 무슨 까닭인가? 根基인 主本 三元이 원래 吉하기 때문이다.

若三元內外雖有祿馬貴氣, 却八字中衝刑破害, 不唯有貴而不貴, 又終爲凶人之命也. 如遇吉運, 則防因福生禍, 則 "灾忽來而迅速"故也.

만약 삼원 내외에 록마의 貴氣가 있으나 팔자 중에 충·형·파·해가 있으면, 귀가 있으나 오롯하지 않고 귀하지 못하니 결국은 흉한 사람의 명이 되는 것이다. 길한 운을 만난다하여도 복으로 인하여 禍가 만들어지는 것을 막아야 하니, "재앙은 갑자기 오며 신속하다."고 한 까닭이다.

---

26. 宅墓受殺, 落梁塵以呻吟; 喪吊臨門,[92] 變宮商爲薤露.

택과 묘가 살을 받으면 梁塵(양진: 맑고 깨끗한 음악소리)이 신음 소리로 추락하고, 상문 살과 조객 살이 문 앞에 다다르면 宮商(궁상: 아름다운 음악)이 薤露歌(해로가: 상여가 나갈 때 상두군의 노래 소리)[93]로 변한다.

歲命前後五辰爲宅墓, 人生日時與歲運不宜, 逢之受殺也.
如見丙丁是騰蛇, 見戊己即是勾陳, 見庚辛即是白虎, 見壬癸
即是玄武, 見甲乙即是靑龍. 看類而言之, 故云 "受殺". 凡遇
此者, 皆主家宅陰小, 財畜不和.

歲命의 앞뒤 다섯 자리가 宅墓가 되니, 生日·時와 세운이 마땅
치 않으면 만나서 殺을 받는다. 丙 火와 丁 火를 보면 등사, 戊 土
와 己 土를 보면 구진, 庚 金과 辛 金을 보면 백호, 壬 水와 癸 水를
보면 현무, 甲 木과 乙 木을 보면 청룡이라 한다. 이런 종류는 보
는 것을 말하므로, "受殺"이라 한다. 대개 이들을 만나면 주로 살
림집에 여자가 줄어들고 재물과 가축이 화합하지 않는다.

歲命前後二辰爲喪弔, 如人歲運日時犯之, 主孝服哭泣, 輕
者外服遠親, 不利家宅, 骨肉離異.

歲命의 앞뒤의 두 자리는 喪弔가 되니, 만약 세운과 일시가 그
것을 범하면 주로 孝服(효복: 상복)을 입고 소리를 내어 슬피 울
고, 가벼우면 멀리 있는 친족상을 당하며 가택에 이롭지 않고 골
육이 다른 곳으로 떠나게 된다.

---

92) 喪弔臨門: 『낙록자부주』에는 "喪弔臨人"으로 되어 있다.
93) 薤露歌: 해로가는 漢代에서 '인생은 부추 잎의 이슬처럼 덧없음'을 노래한 것으로, 흔히 貴人
의 장례식에 불리어졌다.

27. 干推兩重, 防災於元首之間; 支折三輕, 愼禍於股肱
　　之內. 下元一氣, 周居去住之期.

천간이 양중으로 밀어내니 재앙을 머리 사이에서 막고, 지
지가 세 번 경하게 절되니 화를 팔다리에서 주의해야 한다. 하
원 일기는 머무르고 떠나는 기한에 두루 기거한다.

假令壬寅人逢戊爲太歲, 戊爲月建者, 兩戊尅壬, 則爲干推
兩重. 遇之者爲元首頭目之災, 輕者爲股肱之患也. 此論未詳,
此賦意論三元動靜之理, 物我輕重之別, 四時變通之義.

가령 壬寅 人이 戊 土 태세를 만나고 戊 土가 월간이면, 양 쪽의
戊 土가 壬 水를 극하므로 干推兩重(간추양중: 천간이 양쪽에서 중
하게 밀어 낸다)이다. 만나면 우선 머리와 눈의 재앙이 있고, 가
벼우면 팔과 다리의 우환이 있다. 이는 상세하지 못하나, 이 賦에
서의 의미는 삼원 동정의 이치와 사물과 나와의 경중 구별을 논
하는 것으로, 사시 변통의 뜻이다.

如壬寅人, 壬爲天元, 爲首, 爲尊長, 見戊謂之七煞. 如遇
戊爲太歲, 爲尊長, 太歲則大人尊長之事, 是以太歲爲尊, 月
建爲卑也. 此謂支干推也, 推則有剛柔相推94)之義.

예를 들어 壬寅 人일 때 壬 水는 천원이고 머리이며 존장이니, 戊 土를 만나면 칠살이라 말한다. 만일 戊 土의 태세를 만나면 (태세가)존장이 되니, 태세는 대인이고 존장의 일이므로, 태세는 존이 되고 월건은 卑가 되는 것이다. 이를 支干推(지간추: 천간과 지지가 민다)라 말하고, 추는 剛柔相推(강유상추: 강유가 서로 밀어 받드는)의 의미이다.

兩重者, 視壬與戊兩干勢孰重, 戊重則尅壬, 防有尊長, 不喜, 不利見大人. 壬重見戊, 不我尅, 唯人事而已. 或頭目作疾, 此太歲之事也.

양중이란 壬 水와 戊 土 두 개의 천간 중에서 누구의 세력이 더 중한가를 보는 것으로, 戊 土가 중하면 壬 水를 극하니 존장에게는 방해가 되니 기쁘지 않고 대인을 만난다 하여도 이롭지 않다. 壬 水가 중하여 戊 土를 만나면 나를 극하지 못하니 오로지 인간관계의 일일 뿐이다. 혹시 머리와 눈의 질병을 만들 수 있으나 이는 태세의 일이다.

與月建相尅者輕, 戊重則僚友不和, 壬重則小人爲害, 或腰膝作疾. 更月支下三合, 如或有救, 則爲灾輕也. 折有變義,

---

94) 剛柔相推: 『주역』「계사상전」 2장과 「계사하전」 1장에 보인다.

故云 "支折三輕, 愼禍於股肱之内", 此月建之事也.

더불어 월건과 서로 극하면 가볍고, 戊土가 중하면 친구와 화합하지 못하고, 壬水가 중하면 소인은 해롭고 또는 허리와 무릎의 질병이 생긴다. 다시 월지에서 삼합이 있거나 도와줌이 있으면 재앙은 가볍다. 折(절: 타협하다)은 변화의 의미가 있으니 "지절삼경이라 하였고, 다리와 팔의 재앙을 두려워한다."고 말하였으니, 이는 월건으로 인해 일어나는 일이다.

上文論干祿支命, 天元十干常動, 地元十二支常靜. 復言下元一氣者, 支也. 以壬爲天元, 如四柱別有丁, 或有己, 則壬應而合之, 或爲官印, 或爲財帛, 是干未常不動也. 支者雖遇巳時, 周流往還變易, 而支未常不靜也.

윗글에서 간록과 지명을 논하였는데 천원인 십간은 항상 동하고, 지원인 십이지는 항상 정하다고 하였다. 다시 하원 일기를 말한 것은 지지를 가리킨다. 壬水가 천원으로 쓰일 때 사주에 따로 丁火나 己土가 있으면, 壬水가 대응하여 합하니 관인이 되거나 재백이 되니, 천간은 항상 움직이지 않는 것이 아니다. 지지는 비록 巳時(기시: 자기의 때)를 만나서 왕복하여 두루 퍼지고 往還(왕환: 왕복)하여 쉽게 변하지만 지지는 항상 고요하지 않은 것이 아니다.

周者, 循環也; 居者, 安居也; 期者, 如期限之期. 去住者, 氣也. 此言四時周流循環, 無有終始, 無有窮極, 而下元之辰, 未嘗不善守其期限也. 只可以三合取之, 或干尅太歲者, 看兩干勢力輕重而言之, 或爲尊長頭目之灾, 或在僚友左右之嫉, 此與輕重較量不殊.

周는 한차례 돌아서 다시 먼저의 그 자리로 되돌아오는 것이고, 居는 평안하게 머무는 것이며, 期는 미리 어느 때 까지라고 정한 그 시기이다. 去住는 가고 머무르는 기운이다. 이 말은 사시는 周流 循環(주류순환: 널리 두루 퍼지고 돌아다니면서 쉬지 않음)하여 시작과 끝이 없으며 극도에 달함도 없으니, 하원은 그 기한을 잘 지키지 않은 적이 없다는 것이다. 단지 삼합을 취하거나 천간이 태세를 극하는 것은 두 천간 세력의 경중을 보며 말해야 하고, 또는 존장의 머리와 눈의 재앙이나 좌우 친구들의 미워함이 있는 것은 이와 같이 경중을 비교하는 것과 다르지 않다.

---

28. 仁而不仁, 慮傷伐於戊己. 至於寢食待衛. 物有鬼物, 人有鬼人, 逢之爲灾, 去之爲福.

仁하고 불인한 것은, 戊와 己 土에게 극을 당해 손상됨을 걱
정한다. 침식과 양생에 있어서도, 만물에는 귀물이 있고 사람
에게는 귀인이 있으니, 그것을 만나면 재앙이 되고 떠나면 복
이 된다.

仁者, 是甲乙木也, 在五常爲仁. 今反言不仁者, 以其尅伐
乎土也. 如甲見己則爲仁, 乙見戊則爲仁, 以其陰陽造化, 五
物代之以爲生也. 若甲見戊, 乙見己, 偏陰偏陽, 萬物危脆,
則五行爲不仁也. 賦中引甲乙戊己爲例, 其餘五行則可以例
求焉.

仁이란 甲・乙 木이고 오상에 있는 仁이다. 만일 반대로 不仁이
라 함은 土를 尅伐(극벌: 억지로 굴복시킴)하는 것이다. 甲 木이
己 土를 보면 仁이고 乙 木이 戊 土를 보면 仁이니, 이는 음양의
조화로써 다섯 가지의 만물들이 서로 생하는 것이다. 만일 甲 木
이 戊 土를 보고 乙 木이 己 土를 보면 음과 양이 치우쳐 있으니,
만물이 위험하고 연약하여 오행이 불인하게 되는 것이다. 부에서
는 甲・乙 木과 戊・己 土를 인용하여 예를 들었으니, 나머지 오
행도 사례를 구할 수 있다.

侍衛者, 是人養生之至近也, 又云寢食者, 則又近. 侍衛者,

至親也; 寢食, 奉養也. 此二者愼不可輕忽也. 夫物中有鬼物,
人中有鬼人者, 言吉凶之變遷及遠近速之甚也.

侍衛(시위: 호위하여 보호한다)는 매우 가까이 있는 사람을 잘
기르는 것이고, 또 寢食(침식: 밥 먹고 잠자는 일상생활)은 더욱
가까운 것을 말한다. 시위는 더 할 수 없이 친함이고, 침식은 조
상을 정성으로 받들어 모시는 것이다. 이 둘은 가볍고 소홀 하지
않아야 한다. 만물 가운데는 귀물이 있고 사람 중에도 귀인이 있
다는 것은, 길흉이 변하여 바뀌는 것이 멀고 가까운 곳까지 속히
움직인다는 말이다.

以看命言之, 且如六戊日生人用乙爲官印, 六己日生人用甲
爲官印, 木與土比和, 陰與陽唱和, 則爲仁也. 如戊見甲, 己
見乙, 則仁而不仁也. 又如戊見甲爲不仁, 或歲月時中見庚辛
則爲仁矣, 或見己亦爲仁矣. 且戊見甲亦爲仁者, 謂甲己合,
己侍衛甲也, 見庚則爲仁者, 謂戊食庚者.

간명으로 말하자면, 가령 六 戊 土일에 태어난 사람은 乙 木을
관인으로 삼고, 六 己 土일에 태어난 사람은 甲 木을 관인으로 삼
으니, 木과 土는 서로 화목하고 음과 양이 어우러져 함께 부르니
어질다. 그러나 戊 土가 甲 木을 보고 己 土가 乙 木을 보면 仁이지

만 어질지 못하다. 또 戊 土가 甲 木을 보면 어질지 못하나 혹 歲·月·時 중에서 庚 金과 辛 金을 만나면 어질다 하고, 또는 己 土를 만나도 역시 어질게 된다. 또 戊 土가 甲 木을 보면 역시 어질다는 것은 甲 木과 己 土의 합 때문으로 己 土는 甲 木을 호위하기 때문이고, 庚 金을 봐도 어질다는 것은 戊 土의 식신이 庚 金이기 때문이다.

逢之爲災, 則是戊不逢庚, 己被甲來尅制, 與七殺同論. 去之爲福者, 如戊見甲, 則歲月時中有庚, 戊己求救助, 則爲福也. 餘倣此.

만나면 재앙이 된다는 것은 즉, 戊 土가 庚 金을 만나지 못하고 己 土가 甲 木이 와서 극제를 당하는 것이니 더불어 칠살도 같은 논리이다. 떠나면 복이 된다는 것은, 戊 土가 甲 木을 볼 때 歲月時 중에 있는 庚 金이 戊 土와 己 土를 찾아서 도와주게 되면 복이 되는 것이다. 나머지도 이와 같다.

---

29. 就中裸形夾殺, 魄往酆都; 所犯有傷, 魂歸岱嶺.

그 가운데 나형에 살이 끼면 혼백이 풍도(저승)로 가고, 범한 곳에 손상이 있으면 혼은 대령으로 돌아간다.

裸形者, 五行沐浴也. 如人本音沐浴, 大運逢之者夾: 水土
人運在酉, 木人運在子, 火人運在卯, 金人運在午. 鬼谷子謂
之波浪限[95]也. 夾殺者, 元辰七殺也. 如人運在沐浴之上, 與
太歲併者夾重. 或當生歲時元有傷犯之辰, 則魂歸岱嶺 魄往
酆都, 此至凶名也.

나형은 오행의 목욕지이다. 마치 사람이 목욕하는 소리와 같고
대운에서 만나면 재앙으로 보니, 水와 土人은 운이 酉에 있을 때,
木人은 운이 子에 있을 때, 火人은 운이 卯에 있을 때, 金人의 운이
午에 있을 때 이에 해당된다. 귀곡자는 파랑한이라고 말하였다.
협살은 원진 칠살이다. 운이 목욕지에 있으면서 태세도 함께 있
으면 재앙이 무겁다. 또는 태어날 당시 세시에 원래 상함이 있어
다치면, 혼(넋)은 대령으로 돌아가고 백은 풍도로 간다고 하였으
니 이는 매우 흉한 이름이다.

---

30. 或乃行來出入, 抵犯凶方. 嫁娶修營, 路登黃黑.

---

95) 波浪限: 波浪限은 鬼谷子의 말이 아니라 『李虛中命書』의 이허중 註에서 보이며, 서자평의 내
용과 다르다. 『이허중명서』, 新文豊出版公司, 中華民國 76년. P.27 ; "金人運到亥子歲, 乃小運
上是也. 木人大厄, 餘人意思不調, 飄泛如舟也.(金人의 運이 亥子 歲運에 이른 것은 바로 小運
위에 있는 것이 이것이다. 木人에게는 큰 재액이 되고 다른 사람들에게는 생각대로 잘 안되니,
풍랑위의 배와 같다.)"고 하였다.

出入者, 言運出運入之異也. 如壬癸日生人, 運行在戌, 爲
土火之聚, 則爲吉運. 運交亥, 亥爲火之絶, 此爲凶運, 乃是
行來出入, 抵犯凶方. 我尅者爲之妻財, 妻財在旺鄕, 則爲之
娶. 尅我者爲官鬼, 又爲天官, 喜在長生財旺之地.

출입은 운이 나가고 들어옴이 다른 것을 말한다. 壬・癸 水 일
에 태어난 사람의 운이 戌로 행할 때, (戌은)土와 火의 기운이 모
이는 곳이니 길한 운이다. 운이 亥로 바뀌면 亥는 火의 절지가 되
니 이는 흉한 운이고, 왕래하고 출입함에 있어서 흉한 방향과 맞
닥뜨리는 것이다. 내가 극하면 처재가 되므로, 처재가 왕한 향에
있으면 장가간다. 나를 극하면 관귀가 되고 또 천관이 되니, 장생
과 재가 왕한 곳에 있는 것을 기뻐한다.

賦意總說, 要扶同五行體用陰陽, 或運來尅命而爲官貴之
鄕, 日尅運宮乃是發財之地. 皆以生月起建, 陽男陰女則順,
陰男陽女則逆. 如運到黃道, 凡百皆利; 運至黑道, 凡百抑塞.
凡人行爲動作, 進退向背, 莫不本乎陰陽, 體合運氣吉凶, 俱

不能逃也. 故云: "嫁娶修營, 路登黃黑."

　부에서의 전체적인 의미는 오행의 음양 체용이 서로 함께 도
와야지만 운이 명을 극해와도 관의 貴鄉이 되고, 일이 운의 궁을
극해도 재물이 발전하는 곳이 된다는 것이다. 모두 생월로부터
세워서 시작하니 양년에 태어난 남자와 음년에 태어난 여자는
따르고 음년에 태어난 남자와 양년에 태어난 여자는 거스른다.
운이 황도에 이르면 백가지가 모두 이롭지만, 운이 흑도에 이르
면 백가지가 억제되고 막힌다. 사람의 행위 동작과 진퇴 향배는
음양으로부터 기초하지 않는 것이 없기 때문에, 운기 길흉의 한
덩어리는 모두 피해 갈 수가 없다. 때문에 "혼인이나 수양에서
황도에 들기도 하고 흑도에 들기도 한다."고 하는 것이다.

---

31. 灾福在歲年之位內, 發覺由日時之擊揚. 五神相尅,
　　三生定命. 每見貴人食祿, 無非祿馬之鄉 ; 源濁伏
　　吟, 惆悵歇宮之地.

　재앙과 복은 세년의 자리 안에 있고, 발휘되는 것은 시와 일
의 격양에서 말미암는다. 오신의 상극으로 삼생의 명이 정해진
다. 매번 보니, 귀인과 식록은 록마의 향이 아님이 없다. 근원이
탁하여 복음이면 메마른 궁의 땅에서 근심하고 슬퍼한다.

凡說歲中休祥, 專責日時與太歲相尅96)·刑害·衝破言之.
生日爲妻, 時爲子. 日時與太歲和合及財官有用無諸壞者, 依
事類而言之. 如太歲與日時相刑, 或六合·三合中有元辰七
殺者凶, 亦看類而言之. 故下文云, 不過是 "五神相尅, 三生
定命"也.

일 년의 좋은 징조는 오로지 일시와 태세의 상극과 형해와 충
파를 보고 말한다. 생일은 처가 되고 시는 자식이다. 일시와 태세
가 화합하는 것과 財와 官의 쓰임이 있으면서 여러 허물이 없는
것은 비슷한 부류에 의거하여 말한다. 태세와 일시가 서로 형하
거나 혹 육합과 삼합 중에 원진과 칠살이 있는 자는 흉하니, 이
또한 부류를 살펴 말한다. 따라서 다음 글에서 "五神의 상극과 三
生으로 명을 정하는" 것에 불과하다고 말한다.

"每見貴人食祿, 無非祿馬之鄕", "源濁伏吟, 惆悵歌宮之
地". 上卷有例.

"매번 귀인과 식록을 볼 때마다 록마의 향 아닌 것이 없고",
"근원이 탁하여 복음이면 메마른 궁에서 슬퍼한다."고 하였다.
상권에 사례가 있다.

---

96) 專責日時與太歲相尅:『낙록자삼명소식부주』신문풍 본에는 "專看日時與太歲生尅"로 되어 있다.

32. 狂横起於勾絞, 禍敗發於元亡, 宅墓同處, 恐少樂而
多憂. 萬里回還, 乃是三歸之地.

혹독한 횡액은 구와 교에서 일어나고, 화와 패는 원진과 망
신에서 발생한다. 택과 묘가 같이 있으면 즐거움이 적고 걱정
이 많을까 염려된다. 만 리 먼 곳에서 돌아와 보니 바로 삼귀
의 땅이다.

歲命前三辰爲勾, 後三辰爲絞. 不可在元命日時二運之上,
遇之者主非災橫禍, 更或與元辰七殺併者 尤凶.

세명 앞의 세 번째 자리는 구가 되고 뒤의 세 번째 자리는 교
가 된다. (구와 교가)원명의 일시와 이운(대운과 세운)에 있으면
옳지 않고, 만나면 주로 재앙이 아니면 횡액 아니면 뜻하지 않은
재난이고, 다시 원진 칠살이 나란히 함께 오면 더욱 흉하다.

歲命前後五辰爲宅墓, 如戊子生遇辛未太歲者是也. 亦須未
子日上及時上本有, 或大運同宮者則重. 凡遇此者, 不利陰小
家宅也. 此言大運在十二辰之間, 順逆同環在三元本祿本財
終須之地,[97] 遇此者則爲優安之福厚. 更晚年遇財祿歸聚之

---

97) 終須之地:『삼명통회・소식부』에는 "終宿之地"라 되어 있다.

處, 則尤有所長也. 根本元無者, 無所長也.

　세명 앞뒤로 다섯 번째 자리는 택·묘가 되니, 戊子 생이 辛未
태세를 만나는 것이 바로 이것이다. 역시 未와 子 일인데 또 시에
원래 (未또는 子가)있거나, 대운도 같은 궁이라면 더욱 무겁다.
이를 만나면 가택의 陰(여자)과 小(소인)로 인하여 불리하다. 이
말은 대운은 십이지지의 사이에서 순과 역으로 두루 돌므로 삼
원의 본록과 본재가 있으면 終須之地(종수지지: 그 곳이나 다른
곳이나 같이 모두 길하다는 의미)로, 만나면 넉넉하고 편안하여
복이 두텁다. 다시 만년에 재록이 모여지는 곳에서 만나면 가장
좋을 수가 있다. 그러나 근본에 원래 없다면 좋은 점은 없다.

---

33. 四煞之父, 多生五鬼之男 ; 六害之徒, 命有七傷之事.

　사살이 있는 아버지는 오귀가 든 남자를 많이 낳는다. 육해
가 있는 무리는 명에 칠상의 일이 있다.

　辰戌丑未爲四方之末, 季爲五行之庫墓. 言辰戌丑未中, 藏
納五行死墓之氣, 如人運限逢之, 生幽憂之疾·淹延之厄. 如
父子之相承, 卒難不能救解.

辰·戌·丑·未는 사방의 끝이고, 계절로는 오행의 庫·墓가
된다. 辰·戌·丑·未 가운데에는 오행의 死와 墓의 기운을 받아
감추고 있어, 운한에서 만나면 남모르게 깊이 간직한 질환(우울
증)과 깊게 끄는 재앙이 생긴다. 부자가 서로 잇는 것처럼 끝까
지 해결이 어렵다.

破命者謂之害, 如人運限逢之, 皆主眷屬離合, 人情反覆.
或更六害中逢七殺尅我者凶.

파명이란 害를 말하는 것으로, 만약 운한에서 만나면 모든 식
구들이 헤어지고 人情이 돌아서는 일을 주관한다. 혹 게다가 六害
중에서 나를 극하는 七殺을 만나면 凶하다.

**34. 眷屬情同水火, 相逢於沐浴之鄕; 骨肉中道分 離, 孤
宿尤嫌隔角.**

가족 간의 정이 물과 불 같다면 서로 목욕의 향에서 만난 것
이고, 골육이 중도에 헤어진다면 고진과 과숙보다 더욱 꺼리
는 격각 때문이다.

水陰火陽, 相合而爲旣濟, 相資而爲仇讐. 言其反覆多變,

或情通自乖而反合, 或情變自合而反乖, 故曰: "情同水火"也.
義欲和而同久而遠者, 必須在五行沐浴之時. 五行休敗, 如人
情處患難之時, 未有不情同者也. 以看命言之, 如丙寅丁卯,
貴在猪雞; 壬戌癸亥, 貴於蛇兔. 此無它, 大率五行貴在於衰
敗之中, 人情要處乎淡泊之際也.

음인 水와 양인 火는 서로 합하면 旣濟가 되고, 相資하면 仇讐
(구수: 원수)가 된다. 반복하고 변화가 많아, 혹 정이 통하면 스스
로 어그러졌다가 다시 합하기도 하고 혹 정이 변하면 스스로 합
하였다가 다시 어그러지기도 함을 말하는 것이니, 그래서 "情이
물과 불 같다."고 한다. 화합하여서 같이 오래 함께 하자는 뜻은
옳지만 멀어지는 것은, 반드시 오행이 목욕 시기에 있는 것이다.
五行이 休敗하게 되면 마치 사람의 情이 근심과 걱정의 시기에 처
했을 때 감정이 동일하지 않은 것과 같다. 命으로 말하자면, 丙寅
과 丁卯의 귀함은 (천을 귀인에 해당하는) 猪(저: 돼지 亥)와 雞
(계: 닭 酉)에 있고, 壬戌과 癸亥의 貴는 蛇(사: 뱀 巳)와 兔(토: 토
끼 卯)에 있는 것이다. 이는 다름이 아니라, 대개 오행의 귀함은
쇠패 가운데에 있고, 사람의 정은 욕심 없는 담박함에 처해야하
기 때문이다.

凡命運隔角者, 主中道骨肉有離異之事. 隔者, 如卯日丑時,

丑日卯時. 鬼谷子曰: "枉多隔角," 餘可例求焉. 丑者, 北方之氣也; 卯者, 東方之氣也. 其趣不同, 遇之者中道分離也. 嫌疑孤神者, 殺也. 遇多孤立而未嫌, 甚言隔角之重也.

대개 명운이 격각에 있으면 주로 중도에서 골육 간의 사이가 벌어지는 일이 있다. 隔은 卯 일의 丑 시와 丑 일의 卯 시와 같다. 귀곡자는 말하길, "격각은 원통한 일이 많다."고 하였다. 나머지는 사례에서 구할 수 있다. 丑은 북방의 기운이고, 卯는 동방의 기운이다. 그 향하는 곳이 같지 않으니 만나게 되면 중도에 헤어지고 나뉘는 것이다. 꺼리고 싫어하는 고신은 殺이다. 만나면 고립이 많으나 싫어하지 않지만, 격각이 중하면 심하다고 말한다.

---

35. 須要明其神殺, 輕重較量. 身尅殺而尙輕, 殺尅身而尤重.

반드시 그 신살을 분명히 알고서 경중을 헤아려야 한다. 身이 殺을 극하면 오히려 가볍지만, 殺이 身을 극하면 더욱 무겁다.

神殺者, 官印祿馬貴賤之別名也. 如前說, 上尅下則不貴, 下尅上即貴, 意義不殊. 殺尅身者, 是官來尅我者, 是下尅上者也. 如身尅殺, 是我尅官, 即不貴也. 故賦曰: "須要明其神

殺.98)” 神譬官印, 殺比財帛. 但官財是尅我, 則爲之殺尅身;
我尅官財, 則爲之身尅殺. 此明貴賤之本也, 更詳其輕重較量
而言之.

신살은 관인과 록마와 귀천의 다른 이름이다. 앞에서 말한 위
에서 아래를 극하면 貴하지 못하고, 아래에서 위를 극하게 되면
貴라고 말한 것과 그 뜻이 다르지 않다. 殺이 身을 극한다는 것은
관이 와서 나를 극하는 것이니 아래에서 위를 극하는 것이다. 身
이 殺을 극하는 것은 내가 관을 극하는 것이니 귀하지 않은 것이
다. 따라서 賦에 이르길, “반드시 그 신살을 분명히 알아야 한다.”
고 하였다. 신은 관인에 비유하고, 살은 재백과 견준다 하였다.
다만 관재는 나를 극하니 살이 신을 극하는 것이고, 내가 관재를
극하면 신이 살을 극하는 것이다. 이는 귀천의 근본을 분명히 한
것으로, 다시 그 경중을 잘 헤아려 자세하게 말해야 한다.

---

36. 至於循環八卦, 因河洛以遺文. 略之定爲一端, 究之
翻成萬緒.

순환하는 팔괘에 대해 말하자면 하도와 낙서의 남겨진 그림
에 기인한다. 그것은 요약하면 하나의 단서로 정해지지만, 궁
구하면 만 가지 실마리를 이룬다.

---

98) 須要明其神殺: 『낙록자부주』 하권 53장에 나온다.

『易』曰: "河出圖, 洛出書, 聖人則之."[99] 以教後世, 循環 於四時之中, 布八卦於四維之内, 而成一歲之功. 亘古窮今, 無有終窮者, 道也. 道分爲陰陽, 而人處乎其中, 則吉凶悔吝 存焉. 是以動靜屈伸, 體天法地, 莫不由乎命也. 故下文云.

『역』에 "河에서 圖가 나오고, 洛에서 書가 나온 것을 성인이 본 받았다."고 하였다. 이를 후세에 가르쳐, 사시의 순환은 사유 내 에서 팔괘로 베풀어서 일세의 功(사계절)을 이루었다. 지금부터 옛날까지 걸쳐 끝나고 다한 적이 없는 것이 道이다. 道는 나뉘어 음양이 되고 사람이 그 가운데 처해 있으니 길흉과 悔吝(회린: 후 회)이 존재한다. 이 때문에 動靜하고 屈伸함에 하늘을 體로 삼고 땅을 法으로 삼아 命에서 말미암지 않음이 없는 것이다. 따라서 다음 글에서 말한다.

一端者, 道降而爲一也. 二三數六, 又三而成九, 又九九而 成八十一數, 自此以後, 繞繞萬緒, 莫能紀極. 以看命言之, 不過五神相尅, 三生定命一也. 其氣有淺深者, 運有向背, 福 有厚薄, 壽有長短, 要後人深求之, 則得古人之妙也.

一端은 道가 내려와서 一이 된 것이다. 二 三은 六이 되고, 또 三

---

99) 河出圖, 洛出書, 聖人則之: 『주역』 「계사상전」 11章에 보인다.

은 九를 이루고 또 九九는 八十一을 이룬 후부터 모든 실마리가 서로 얽혀서(이리 저리 둘리고 얽혀서) 그 끝을 헤아릴 수가 없다. 명을 보고 말할 때 五神의 상극과 삼생으로 명을 정하는 것은 하나의 이치임에 불과하다. 氣에 심천이 있다는 것은, 운에 향배가 있고 복에 후박이 있으며 수에 장단이 있는 것으로, 후인이 깊이 탐구하여야 옛 사람들의 묘한 이치를 얻을 수 있다.

---

37. 若値攀鞍踐祿, 逢之則佩印乘軒 ; 馬劣財微, 遇之則流而不返.

만약 록을 밟고 반안을 만나면 인수를 차고 수레에 오르고, 馬가 졸렬하고 재물이 미약하면 떠돌아다니다가 되돌아오지 못한다.

攀鞍踐祿者, 乃貴人之美稱也; 馬劣財微者, 乃衆人所惡也.

록을 밟고 반안을 만난다는 것은 귀인을 좋게 부르는 것이고, 馬가 졸렬하고 재물이 미약하다는 것은 일반사람이 싫어하는 것이다.

凡人鎡基歲月帶祿者, 日時得地, 運順祿而向官鄕, 則佩印乘軒, 固不難矣. 此言根本元有官祿, 運更向而不背者也. 馬劣財微者, 其財必微, 言人命歲月本無祖財及無父母財, 雖日時得地, 後運遇財絶之鄉, 即財帛散, 如水東流, 往而不返. 此明根本元無者也.

대개 사람이 鎡基(자기: 밭을 가는 농기구인 쟁기)를 갖고 세월에 록이 있는 것은, 일시를 얻고 운에서 록이 따르며 관향을 향하니, 인수를 차고 수레에 오르는 것이 어렵지 않다는 것이다. 이는 근본에 원래 관록이 있고 운이 다시 그것을 향하며 등지지 않음을 말한다. 마가 졸렬하고 재물이 미약하다는 것은 그 재물이 매우 적은 것으로, 명의 세월에 원래 조상의 재물도 없고 부모의 재물도 없는 것으로, 비록 일시에서 득지하더라도 나중에 재물이 끊어지는 운을 만나면 재물과 재산이 흩어져 마치 물이 동쪽으로 흐르면 가서 다시 돌아오지 않는 것과 같음을 말한다. 이는 근본에 원래 없음을 밝힌 것이다.

---

38. 占除望拜, 甲午以四八爲期; 口舌文書, 己亥愼三十有二.

관직에 제수되어 멀리서 절하는 것은 甲午 人은 4月과 8月의 시기이고, 문서로 인한 구설에 오르는 것은 己亥 人은 32세에 조심해야 한다.

前文說有祿者吉，無財者凶．此說元無祿者，遇有財祿運，
則崇遷而榮；無官者，遇鬼則退職也．

앞글에서 록이 있으면 길하고 재가 없으면 흉이라 설명하였다.
이번에는 원래 (사주 원국에) 록이 없는 사람이 재록이 있는 운
을 만나면 공경 받고 영화롭지만, 관이 없는 사람이 귀를 만나면
자리를 물러남을 설명한다.

如甲午人下有丁己，甲以己爲財，而無官印．"占除望拜，四
八爲期"者，四月爲金長生，甲以金爲官印，四月是官長生，八
月是金帝旺．如甲乙日生人，或問食祿在幾時，須言在四月·
八月爲食祿之期也．

甲午 人이 丁 火와 己 土가 있을 때, 甲 木은 己 土를 재로 삼지
만 관인은 없다. "점제망배, 사팔위기"란 4월은 金의 장생으로 甲
木은 金을 관인으로 쓰니, 4월(巳)은 관의 장생이 되고, 8월(酉)은
金이 제왕이 되는 것이다. 甲·乙 木 일에 태어난 사람이 혹 식록
의 기미가 언제인가를 물으면, 반드시 4월과 8월이 식록의 기간
이라고 말할 수 있다.

"口舌文書，己亥愼三十有二"者，言己亥日生人，亥中有木

長生, 元有官祿也. 或運行巳或到酉者, 則爲口舌文書. 口舌
見訟事, 文書則口章. 己用甲爲官印, 巳上木病, 酉上木絶.
三十二者, 亦是四八之數也. 此言戊己日生人, 如遇巳或到酉
運, 則宜退身而避位也.

"문서 때문에 구설에 오르니, 己亥 人은 32에 조심해야 한다."
는 것은, 己亥 일에 태어난 사람은 亥의 가운데 木의 장생이 있으
니 원래 관록이 있는 것으로 말한다. 또는 운이 巳로 행하거나 酉
에 이르면 문서로 인해 구설에 오르게 된다. 구설은 송사로 보고,
문서는 말과 글이다. 己 土는 甲 木을 관인으로 쓰는데, 巳에서 木
은 병지이고 酉에서 木은 절한다. 32란 역시 4.8의 수이다. 이는
戊·己 土 일에 태어난 사람이 巳를 만나거나 酉 운에 이르면, 마
땅히 몸을 피하고 자리에서 물러나야 함이다.

---

39. 善惡相伴, 搖動遷移. 夾煞持邱, 親姻哭送. 兼須詳
其操執, 觀厥秉持. 厚薄論其骨狀, 成器藉於心源.
木氣盛而仁昌, 庚辛虧而義寡.

선과 악은 서로 짝하면 요동하면서 옮겨 가고, 煞을 끼고 邱
가 있으면 친한 인척을 곡하면서 보내니, 겸하여 지키고 있는
마음(지조)을 살피고 견지하고 있는 행동을 관찰해야 한다. 命
의 후박은 그 골상으로 논하고, 成器는 그 심원에 달려있다. 木
의 기가 성하면 인이 창성하고, 庚과 辛이 이지러지면 의가 부
족하다.

善惡者, 吉凶也. 相伴者, 不偏也. 如人運行至此吉凶爭勝
之年, 皆主身心不寧, 動搖遷攺, 在陰陽則有所忌. 『易』曰 "吉
凶悔吝生乎動"也.[100] 動則多凶, 宜守愼詳, 約以處之, 乃吉.

선과 악은 길과 흉이다. 상반은 치우치지 않음이다. 운이 이 吉
凶이 서로 다투는 해에 이르면 모두 心身이 편안하지 않고 동요
되며 옮기는 것을 주관하므로, 음양에서 꺼리는 것이다. 『역』에
이르길 "길흉과 회린은 움직이는 데서 생긴다."고 하였다. 움직
이면 흉이 많으니 마땅히 조심해서 상서로움을 지키고 머무는
곳에서 단속하여야 길하다.

夾殺持邱者, 如人運命遇太歲月建大運, 與元辰七殺幷臨於
五行墓絶之位者, 此年愼不可弔喪問病也. 如賦云 "物有鬼

---

100) 吉凶悔吝生乎動: 『주역』 「계사하전」 1章에 보인다.

物, 人有鬼人, 逢之爲凶, 去之爲福"[101] 是也. 如遇此年, 尤
宜愼處, 向吉背凶, 則無不利矣.

煞을 끼고 丘가 있다는 것은, 운명에서 태세와 월건과 대운에
서 원진과 칠살이 함께 오행의 묘절에 임하는 것으로, 이러한 해
에는 조상이나 문병이 불가하니 조심해야 한다. 부에서 "만물에
귀물이 있고 사람에게 귀인이 있으니, 만나면 재앙이고 떠나면
복"이라 한 것이다. 만일 이러한 해를 만나면 더욱 머무는 곳을
조심하는 것이 마땅하니, 길을 향하고 흉을 등지면 이롭지 않은
것이 없다.

前說歲運休祥, 復明根本作用也. 且如木人秋生, 木被金尅,
則爲性有操執也. 甲申・乙酉・乙巳・乙丑・甲戌生人, 不
背官祿也. 或生於三春九夏季木氣盛時, 秉受旺氣, 有所執持
也, 故云 "觀厥秉持".

앞에서 설명한 세운의 휴상은 다시 근본의 작용을 명확히 한
것이다. 木人이 가을에 생하면, 木이 金의 극을 당하게 되니 성질
에 操執(조집: 지조를 지킴)이 있다. 甲申・乙酉・乙巳・乙丑・甲
戌에 태어난 사람은 관록을 등지지 않는다. 또는 봄과 여름 계절

---

101) 物有鬼物, 人有鬼人, 逢之爲凶, 去之爲福:『낙록자부주』하권 45장에 보인다.

의 木의 기운이 왕성한 때에 태어나 그 왕성한 기운을 받아 쥐면 잡고 지킬 수 있기 때문에 "觀厥秉持(관궐병지: 잡고 있는 뜻을 잘 지켜 보존함)"라 한다.

又須生時在西北方金土之中, 或大運到金土分野, 則有官印長遠. 若或甲申·乙酉·乙巳·乙丑·甲戌日生人, 生於秋三月或三春夏季, 不背官祿, 有所執持, 才能操執. 却歲月時居火木盛時·火木旺地, 或行運在東南有丙丁火旺, 早年雖發福, 晚年蕭條也.

또 생시가 서북방의 金·土에 있거나 혹 대운이 金·土 분야에 이르면 관인이 길고 멀리 있어 오래간다. 만약 甲申·乙酉·乙巳·乙丑·甲戌 일에 태어난 사람이 가을 또는 봄과 여름 계절에 태어나 관록을 등지지 않으면, 잡고 지킬 수 있고 지조를 지킬 수 있다. 그러나 歲月時에 火와 木이 왕성하거나 火·木이 왕지에 있거나 혹 운이 丙·丁 火가 왕한 동남으로 가면, 젊었을 때 비록 발복은 하겠으나 말년에는 쓸쓸하다.

賦意之要言令後人觀五行造化向背而詳言之. 如前論甲申·乙酉·乙巳·乙丑·甲戌者, 雖居官印之位, 然物有厚薄之不齊, 則吉凶修短之有異, 何以言之? 木旺則天元厚, 天元厚

則有操持, 有操持則權重也; 金旺則祿厚, 祿厚則官重, 官重
則有秉持也. 若金木之氣俱薄, 則官祿何可長也? 故曰 "厚薄
論其骨狀"是也.

賦의 뜻을 요약하자면 후인들이 오행 조화의 향배를 관찰할 수
있도록 자세히 말한 것이다. 앞에서 말한 甲申·乙酉·乙巳·乙丑·
甲戌에는 비록 관인의 자리가 있으나, 사물에 후박이 똑같지 않
은 것과 같이 길흉에도 修短(수단: 긴 것과 짧은 것)의 차이가 있
다는 것은 무슨 말인가? 木이 왕성하면 천원이 두텁고 천원이 두
터우면 잡아서 지켜낼 수 있으니 잡아서 지켜낸다는 것은 권세
가 무거운 것이고, 金이 왕성하면 록이 두텁고 록이 두터우면 관
이 중하니 관이 중하면 잡고 지켜낼 수 있는 것이다. 만약 金·木
의 기가 함께 薄하면 관록이 어찌 오래 갈수 있겠는가? 따라서
"명의 후박은 그 골상으로 논한다."는 것이 이것이다.

成器藉於心源者, 謂如金若不遇木, 須用火爲官印也. 且如
庚辛日生人, 要在三春九夏, 則財官兩美也, 所云 "乘軒衣冕,
金火何多?"[102]是也. 心源者, 離宮也, 屬火. 金得火乃成器也.

成器가 그 심원에 달려있다고 하는 것은 金이 木을 만나지 못
하고 火를 기다려서 관인으로 쓰는 것이다. 만약 庚·辛 金 일에

---

102) 乘軒衣冕, 金火何多?: 『낙록자부주』 하권 27장의 내용이다.

태어난 사람은 봄과 여름에 있으면 재와 관이 모두 좋으니, "면류관을 쓰고 가마에 올랐으니 金과 火가 얼마나 많겠는가?"라는 것이 이것이다. 심원이란 이궁으로 火에 속한다. 金이 火를 얻으면 바로 成器가 된다.

前說木遇金爲操持, 次論金遇火而成器, 皆因五行相尅而成造化. 更看金火之器不偏, 運向祿而不背, 則爲福長久也.

먼저는 木이 金을 만나 잡고 지키는 것을 말하였고, 다음에는 金이 火를 만나 그릇이 완성되는 것을 말하였으니, 모두 오행 상극으로 인하여 조화를 이루는 것을 말하였다. 또 金·火의 크기가 치우치지 않으며 운이 록을 향하여 등지지 않으면, 복이 길게 계속된다.

又下文云, 木仁也, 金義也. 木盛而逢金, 則剛柔得中, 如由豫之盍簪,[103] 有以利天下, 則仁而昌. 庚辛履而逢火, 似井泥之而不食,[104] 不能廣濟, 則寡於義, 此又何疑焉?

또 다음 글에서 木은 仁이고, 金은 義라 한다. 木이 왕성하면서

---

103) 由豫之盍簪: 雷地豫卦(䷏)의 第 四爻 爻辭에 보인다. "九四, 由豫, 大有得; 勿疑, 朋盍簪.(말미암아 즐거워하므로 크게 얻음이 있으리니, 의심하지 않으면 벗들이 모여들리라.)"라 하였다.
104) 井泥之而不食: 水風井卦(䷯)의 初 六 효사에 보인다. "初六, 井泥不食.(우물에 진흙이 차 먹을 수 없도다.)"고 하였다.

金을 만나면 강유가 중정을 얻으니, 마치 즐거운 동지들의 회합처럼 천하를 이롭게 함이 있게 되니 仁하고 번창한다. 庚・辛 金이 火를 만나 밝히게 되면, 마치 우물에 진흙이 일어 먹지 못하는 것과 같아서 널리 구제할 수 없으니, 의리가 부족한 것을 또 어찌 의심하겠는가?

賦云 "兼須詳其操執, 觀厥秉持[105]"者, 以言其金木之體; 厚薄論其骨狀, 成器藉於心源者, 以言其金火之才. 各得其宜, 則爲好命. 至於金木氣偏, 木氣盛而仁昌, 庚辛虧而義寡者, 是財用不相宜. 金木各不仁則凶, 悔吝從之.

賦에서 "겸하여 지키고 있는 마음을 살피고, 견지하고 있는 행동을 관찰해야 한다."고 한 것은 金과 木의 체를 말한 것이고, 命의 후박은 그 골상으로 논하고, 성기가 되는 것은 그 심원에 달려있다는 것은 金과 火의 재주를 말한 것이다. 각자 그 마땅함을 얻으면 좋은 명이다. 金과 木 기운의 치우침에 대하여 木氣가 왕성하면 仁이 번창하고, 庚・辛 金이 이지러지면 의리가 부족하다고 하였으니, 재의 쓰임이 서로 마땅치 않음이다. 金과 木이 각각 仁하지 않아서 흉하면, 悔吝(회린: 후회와 걱정)이 따른다.

---

105) 兼須詳其操執, 觀厥秉持: 『낙록자부주』 하권 65장의 내용이다.

> 40. 惡曜加而有喜, 疑其大器; 福星臨而禍發, 必表凶
> 人.106)
>
> 악요가 가해져도 기쁨이 있으면 大器임이 의심되고, 복성이
> 임해도 禍가 발생하면 필히 흉인임을 나타난다.

詳註見上卷 "初至衰鄕, 猶披尠福"內, 更不重載.

자세한 주석은 상권의 "처음에 쇠향에 이르면 오히려 복이 적
다."는 단락 안에 보이므로 다시 중복하여 싣지 않는다.

> 41. 處定求動, 尅未進而難遷; 居安問危, 可凶中而卜吉.
>
> 고요한 곳에서 움직임을 구하여 나가지 않으면 옮겨가기 어
> 렵고, 편하게 있으면서 위험을 물으면 흉에서도 길을 점칠 수
> 있다.

此卷末總言其妙旨也. 處定者, 凡言人命用法, 處者欲定其
貴賤也, 貴賤旣明, 故曰 "處定"也. 求動者, 人命雖見官印財

---

106) 惡曜加而有喜, 疑其大器 ; 福星臨而禍發, 必表凶人:『낙록자부주』하권 67장과 68장에는 "惡
曜加而有喜, 宜其大器. 福星臨而禍發, 以表凶人"으로 되어 있다.

帛, 而不貴富者, 宜於處定之中復求其變動也. 旣見其貴中未
貴・財中未財, 則當 "未進而難遷"也. 未進者, 未當升進; 難
遷者, 難爲遷移也. 此與上文云 "息一氣以凝神, 消五行而通
道"[107]之義不殊.

이는 卷末에서 그 묘한 가르침을 종결지어 말한 것이다. 處定이
란, 人命의 용법을 말할 때 處는 그 귀천을 정하고자 하는 것이므
로, 귀천이 이미 명백해졌기에 "處定"이라 하는 것이다. 求動이란,
인명이 비록 관인과 재백을 만났으나 귀하지도 부유하지도 않으
면 마땅히 처정에서 다시 그 변동을 구하고자 한다. 이미 그 貴중
에 귀하지 않고 財 중에 재가 아닌 것을 보았다면, 당연히 "나아
가지 못하고 옮기기 어려운" 것이다. 나아가지 못함은 승진하지
못한 것이고, 옮기기 어려움은 이동하여 옮기기 힘들다는 것이
다. 이는 윗글의 "一氣를 불어내어 정신을 응집시키고 五行을 들
이마셔 도에 통달한다"는 말의 뜻과 다르지 않다.

居安者, 如是貴命見行官祿所向集福之運以爲安也; 問危
者, 未可便言終吉. 況前云吉中有凶, 當於歲月時中, 扶合行
年太歲, 三合三會, 問危疑神殺, 叅詳而言之. 如見有危疑之
神, 則必有危疑之事. 則當懲戒, 積善以禳之, 則凶中復吉矣.

---

107) 息一氣以凝神, 消五行而通道: 『낙록자부주』 상권 14장의 내용이다.

如『易』說 "憂悔吝者存乎介"[108] 者是也.

　居安이란 귀명이 관록을 向하고 福이 모이는 運을 보아 편안한 것이고, 問危란 끝까지 吉하다고만은 할 수 없는 것이다. 하물며 앞에서 말한 吉함 속에 凶함이 있다는 것은, 마땅히 歲・月・時 중에서 행년 태세가 삼합 삼회로 부합하여서 위험이 의심되는 신살의 소식이므로 참고해야 하는 말이다. 위험이 의심되는 신이 보이면 반드시 의심이 생겨나서 마음에 불안한 일이 있게 된다. 곧 자기 스스로 과거의 일을 돌아보고 뉘우치고 경계하여 적선하여 물리치면 凶中에서 다시 吉이 돌아오게 된다. 『역』에서 말하는 "회린을 걱정함은 작은 것에 있다."는 것이 이것이다.

---

42. 貴而忘賤, 灾自奢生; 迷而不返, 禍從惑起.

　귀하면 천을 잊으니 재앙은 사치에서 생겨나고, 길을 잘못 들으면 돌아오지 못하고 화는 의혹을 쫓아 일어난다.

　貴而忘賤, 是後人不明賤意, 引大道之妙, 而執方守隅. 見貴命貴而言貴, 不知貴中有賤, 或始貴而終賤者, 則 "灾自奢生". 與賒同一其源, 則妙理賒自遠也. 此說見貴忘賤之誤也.

---

108) 憂悔吝者存乎介: 『주역』「계사상전」3章에 보인다.

귀하면 천을 잊는다는 것은, 후인들이 천의 의미를 분명히 하지 않고 대도의 묘함만을 끌어다 놓고 모서리를 잡아 쥐고(아주 특별한 경우의) 하나의 법칙만을 고집하는 것이다. 귀명을 귀하다고만 할 뿐 귀한 가운데에 천이 있음을 알지 못하거나, 또는 시작은 귀하지만 끝이 천한 것을 알지 못하고 "재앙은 지나치는 것으로부터 생긴다."고 하는 것이다. 奢(사: 지나치고 낭비함)와 賒(사: 외상으로 거래하다)는 같은 한 근원이니 지나치는 것은 스스로 멀어지는 것의 묘한 이치이다. 이는 귀하면 천한 것을 잊는 오류를 설명하였다.

其或有不遇至人, 不明道理者, 執迷而見, 寡陋偏學, 滋蔓偏求, 理無所出者, 則是 "禍從惑起"者是也.

또 때를 만나지 못한 사람이나 도리에 분명하지 못하면, 미혹에 사로잡혀 완고한 치우친 학문으로 구하는 것이 滋蔓(자만: 점점 늘어나고 세어짐)하여 논리가 없게 되니, "화가 따르거나 혹 시작된다."는 것이 이것이다.

---

43. 殊常易舊, 變處爲萌. 福善禍淫, 吉凶異兆.

일상적인 것을 달리하여 옛것을 바꾸니 변한 곳에서 싹이 튼다. 선한 자에게는 복을 주고 음흉한 자에게는 화를 내리니, 길과 흉은 조짐을 달리 한다.

殊常者, 知變也; 易舊者, 善通也; 變處爲萌者, 知其幽微
也. 曾遇明師, 必通道理者, 誠有如『易』所謂 "苟非其人, 道
不虛行"[109]是也. 古人爲道者, 皓首窮經, 專心致志, 惟恐失
於妙道. 雖行坐服食, 未嘗心不在五行之中, 則能知幽妙. 有
殊常易舊, 變處爲萌, 是知大道. 福善而禍淫, 故君子修身以
俟命.

殊常(수상: 좋지 않은 점에서 의심이 가는 상태)은 변화를 아는
것이고, 易舊(역구: 옛것을 바꾸다)란 잘 소통시키는 것이며, 變處
爲萌(변처위맹: 변화하는 곳이 싹이 된다)이란 숨겨져 있는 작은
것을 아는 것이다. 일찍이 명사를 만나 반드시 도리를 통해야 한
다는 것은, 참으로『역』에서 말하는 이른바 "진실로 그 사람이
아니면 道는 헛되이 행해지지 않는다."는 말이 그것이다. 옛날에
도를 닦는 사람은 나이 들어 백발이 되도록 經을 깊이 연구하고
딴 생각 없이 그 일에만 마음을 쓰면서도, 오로지 묘한 이치를
잃을까 두려워하였다. 비록 行하고 坐하거나 옷을 입거나 먹을
때에도 마음이 오행의 가운데에 있지 않을 때가 없어야 능히 오
묘하고 심오한 것을 알 수 있다. 常道를 달리하고 옛것을 바꾸어
변한 곳에서 싹이 튼다고 하는 것이 大道를 아는 것이다. 선한 자
에게는 복을 주고 음흉한 자에게는 禍를 내리는 것이므로, 그래

---

109) 苟非其人, 道不虛行: 『주역』「계사하전」8章에 보인다.

서 군자는 스스로의 몸을 닦고 명을 기다리는 것이다.

---

44. 至於公明·季主, 尚無變識之文; 景純·仲舒, 不載
比形之妙.

관공명110)과 사마계주111)에 이르러서도 아직 변화에 대해
기록한 글이 없었고, 곽경순112)과 동중서113)도 비형의 묘함을
싣지 않았다.

---

110) 公明: 管公明(208-256年). 三國 魏나라 때 平原 사람으로 字는 公明이며 管輅로 많이 알려져
    있다. 어려서부터 星辰 관찰을 좋아하고 風角과 占相之道에 능하였으며, 易卦로 많은 일들은
    알아맞히는 재주가 있었다. 淸河 太守로부터 文學從事라는 자리에 천거되기도 하였으나 본인
    이 長數하지 못함을 미리 알았다고 한다. 실재 48세(256年)로 卒하였다.『中國人名大辭典』,
    臧勵龢等編, 商務印書館, 1921年 ; 저서로는『管氏指蒙(2卷)』이 있다.『續修四庫全書한글索引
    集』, 김쟁원, 신성출판사, 2004.
111) 司馬季主: 西漢 때 楚나라 사람으로 長安으로 遊學하였다.『易』에 능통하였고, 黃老의 術을
    좋아하였으며, 장안의 동쪽 시장에서 돈을 받고 점을 쳐주며 점쟁이로 연명하였다. 中大夫인
    宋忠과 博士인 賈誼는 "聖人은 점쟁이나 의원 중에 있다"고 생각하고 장안을 둘러보기로 하
    던 중, 늘어놓고 점을 봐주는 사람들 속에서 司馬季主를 만나 그에게서 가르침을 얻게 된다.
    『中國歷代人名大辭典』: 張撝之·沈起炜·劉德重 主編, 上海古籍出版社, 1999, p. 487 ;『李虛
    中命書提要』에서 말하길, "이허중의 自序 일편에, 司馬季主가 호산지양에서 귀곡자를 만나
    유문 아홉 편의 문장을 만들어 정교하고 깊은 이치를 논하였고 허중이 그 주석을 달았다(並
    載有虛中自序一篇, 稱司馬季主於壺山之陽, 遇鬼谷子, 出遺文九篇, 論幽微之理, 虛中爲之注
    釋)."고 하였다.『李虛中命書』, 新文豐出版公司, 中華民國 76년, p.1.
112) 郭景純: 晉나라 郭璞을 이르는데 字는 景純으로, 郭公에게『靑襄書』를 받아 수학하였고 五行·天
    文·卜筮등의 術에 능통하였다.『爾雅注』·『山海經』·『三蒼』·『方言』·『穆天子傳』·『楚辭』·
    『子虛上林賦』·『玉照定眞經』외 다수의 책을 저술하였다.『中國人名大辭典』, 臧勵龢等編, 商
    務印書館, 1921年.
113) 董仲舒(B.C.198-106): 漢나라 廣川 사람으로 어려서부터『春秋』를 읽기 시작하였고, 학문에
    열중하였으며 武帝때에는 賢良對天人 三策을 올려 江都의 재상이 되었다. '災異說'등의 이론
    으로 투옥생활을 하기도 하였고, 저서로는『春秋繁露』·『董子文集』이 전한다.『董仲舒: 중
    화주의 개막』, 신정근, 태학사, 2004 ; 西漢 今文經學의 대가로서 '陰陽災異說'로 이름이 났
    다. 武帝때에 '三統說'을 주장하였는데 '三正說'이라고도 하며, 鄒衍의 '五德終始說'과 같이
    역사는 순환하며 변화하는 것이라고 보는 견해이다. 일찍이 춘추시대에 이미 '五行相生說'과
    '五行相勝說'이 제시되었으나, 이 두 설의 통일은 바로 동중서에서 완성을 보았다.『漢書』56
    卷,「董仲舒傳·第26」참조.

『易』曰: "知變化之道者, 其知神之所爲乎!"114) "知進退存
亡之道者, 其唯聖人乎!"115) 以此究之, 陰陽之道, 難終又難
窮也. 故賦云, 管公明·董仲舒·郭景純·司馬季主者, 皆王
佐之才, 博通經史, 洞達陰陽, 遺文敎於後世, 可謂賢矣.

『역』에서 "변화의 도를 안다는 것은, 神이 할 바를 아는 것이
라!" 하였고, "진퇴와 존망의 도를 아는 것은 오로지 성인뿐이
다!"고 하였다. 이것으로 생각해 보면, 음양의 도는 마치기도 어
렵고 또한 궁구하기도 어렵다. 따라서 부에서 말한 관공명과 동
중서와 곽경순과 사마계주는 모두 임금을 도울 만한 큰 인물들
로서, 經史에 해박하고 음양에 통달하여 후세에 文敎를 남겼으니
현자라 할 수 있다.

---

45. 詳其往聖, 鑒以前賢, 或指事以陳謀, 或約文而切理.
多或少剩, 二義難精. 今者參詳得失, 補綴遺蹤. 窺
爲心鑑, 永掛淸臺, 引列終編, 千希得一.

---

114) 知變化之道者, 其知神之所爲乎!: 『주역』「계사상전」9장에 보인다.
115) 知進退存亡之道者, 其唯聖人乎!: 『주역』건괘 文言傳에 보인다.

옛 성현(의 말씀)을 상세히 살피고 이전의 현인을 거울삼아 보니, 혹 일을 가리켜 생각을 말하고 혹 문장을 축약해 이치에 절실케 했는데, 대체로 모자라거나 남아돌아 음양의 의미를 정밀히 밝히기 어렵다. 이제 득실을 견주어 살피고 남겨진 발자취를 보충하여 엮었다. 좁은 소견을 마음의 거울로 삼아 영원히 淸臺(청대: 古代의 천문대 이름)에 걸어두고자, 聖賢을 인용하며 이 책을 마치니 천 가지 중에 하나라도 얻기를 바란다.

然則致君澤民於當時, 則不能全身遠害也. 或指事以陳謀, 約文而切理者, 有之矣.

그런즉 당시에 임금에게 몸 바쳐 충성하고 해를 은택을 베풀었으므로, 몸을 온전히 하여 해를 멀리할 수 있었다. 하지만 혹 일을 가리켜 생각을 말하거나 문장을 축약하여 이치를 절실하게 나타낸 자가 있었다.

珞琭萃衆妙之說, 將少者補其詳博, 剩者遺其繁蕪, 故云 "補綴遺蹤". 窺者, 所見者小也. 心鑑言自謙, 心有所見甚少也.

낙록자가 많은 오묘한 說을 모았는데, 모자란 것은 상세하게 보충하고 남는 것은 번거로움을 덜어냈으므로 그래서 "남겨진

발자취를 보충하여 엮었다."고 하였다. 窺는 자신이 본 바가 작다
는 것이다. 心鑑은 스스로 낮추는 말이니, 마음으로 본 바가 매우
적다는 것이다.

　引列終編者, 是探索前賢往聖盡善盡美之至道也. 得之於心,
則永掛清臺, 善用者千希得一也.

　聖賢을 인용하며 책을 마친다는 것은, 이전의 賢人과 聖人들의
盡善盡美한 지극한 도를 탐색했다는 것이다. 마음으로 얻어서 영
원히 清臺에 걸릴 것이니, 잘 쓰는 사람은 천에서 하나라도 얻기
를 바란다.

낙록자삼명소식부주

초판인쇄 2017년 5월 17일
초판발행 2017년 5월 17일

지은이 문종란
펴낸이 채종준
펴낸곳 한국학술정보㈜
주소 경기도 파주시 회동길 230(문발동)
전화 031) 908-3181(대표)
팩스 031) 908-3189
홈페이지 http://ebook.kstudy.com
전자우편 출판사업부 publish@kstudy.com
등록 제일산-115호(2000. 6. 19)

ISBN 978-89-268-7918-4 93150